大阪ブランド・ルネッサンス

都市再生戦略の試み

陶山計介・妹尾俊之 著
大阪ブランドコミッティ 企画・協力

ミネルヴァ書房

はしがき

産官学の枠を超えたオール大阪の画期的な組織である「大阪ブランドコミッティ」の旗揚げは二〇〇四年九月、安藤忠雄、コシノヒロコ、中村鴈治郎（後、坂田藤十郎を襲名）の三名を共同議長として迎えた第一回大阪ブランド戦略推進会議の席上でのことであった。ブランドのパワーを活用して大阪につきまとうネガティブ・イメージを払拭し、市民・NPO・行政当局、企業・投資家、観光客・来訪者・移住者など大阪に関わる数多くのステークホルダーが自信と誇りを取り戻すための取り組み――「大阪ブランド・ルネッサンス」。「創造都市大阪ブランド」の構築を通じた都市再生の一大ムーブメントの幕が切って落された。

大阪ブランドコミッティの活動内容は多岐にわたるが、その一環として書籍出版を通じた広報アピールが発足の当初から検討されてきた。「大阪再生」という非常に困難な課題に取り組むためには、それを中心的に担うべきオピニオン・リーダーに向けた情報の発信とこれをじっくり考える取り組みが重要であると考えたからである。書籍の内容についても、①大阪がどうしてここまでイメージを落としてしまったのか、その歴史的分析を加える、②各分野に及ぶパネル活動の内容を記録し、大阪再生に向けた「知る」「磨く」「語る」成果をアピールする、といったコンテンツや表現スタイルをはじめ、多岐にわたる検討がなされてきた。この第一弾として、まずはそれらに先立って都市ブランド戦略の理論と実践を系統的に取りまとめて刊行することとした。これが本書である。

今回の都市ブランド再構築の対象となる「大阪」という都市は、いろいろな意味で非常に興味深い素材である。

その歴史や伝統から経済、産業、文化、社会に至るまで「大阪」は多くの魅力と差別的優位性をもち、またロイヤルティの高い住民を擁している。にもかかわらず東京一極集中や経済的な地盤沈下が続くなかで、都市と人々のイメージが悪化するとともに、マスコミをはじめ外部から批判的あるいは揶揄に満ちた視線にさらされてステークホルダーが自信喪失をきたしている。このような現状を打破し、大阪ブランド・ルネッサンスを真に実りあるものにするためには、再生と革新に向けた確固たる信念と体系化された創造都市ブランド戦略論の構築、そしてそれに基づく継続的な取り組みが不可欠である。

都市ブランド戦略は企業のブランド・マネジメントの発展形態として、また都市マネジメントや都市マーケティングの新展開として肥沃な可能性を秘めた領域であり、今後、大阪を舞台に大輪の花を咲かせることが望まれる。またこの大阪ブランド戦略は日本における最初の本格的な都市ブランド構築の試みである。したがって、その戦略視点や構成は大阪にとどまらず、広く今日沈滞に苦しむ国内外の諸都市に対しても新しい都市再生モデルを提供すると考えられる。そうした面での成果も期待したい。

本書の構想は著者の一人である陶山が二〇〇三年一月に「大阪ブランド戦略検討委員会」に参画したことに端を発する。それ以降、大阪府、大阪市をはじめ多くの関係者の方々とともに大阪ブランド再生事業に携わってきた。また途中から㈱大広ナレッジ開発局の妹尾俊之氏という強力なパートナーを得た。本書はこの数年に及ぶわれわれ二人と大阪ブランドコミッティとのコラボレーションの集大成でもある。第一部は陶山、第二部は妹尾がそれぞれ分担執筆し、序章、第三部、終章は陶山と妹尾が共同で執筆した後、互いの議論をふまえて最終的には陶山が全体の調整をはかった。

本書の執筆と刊行に際しては、多くの方々のお世話になった。とくに大阪21世紀協会理事長の堀井良殷氏、大阪府広報室の皆さん、小野英利氏（大阪府より出向）、西川武志氏（関西大学より出向）、大村慶氏（堺市より出向）など大阪ブランドコミッティのコラボレーションセンターの皆さんとの議論を通じて有益な示唆を得た。またヨーロッパの都市ブランド論については、アートコーポレーション株式会社専務の村田省三氏と三菱ＵＦＪリサーチ＆コンサルティング株式会社の美濃地研一氏に有益な情報を頂いた。基礎資料の作成や整理には、関西大学大学院商学研究科の後藤こず恵さん、野崎亜花梨さん、石丸小也香さんの協力を得た。なお関西大学より二〇〇六年度重点領域研究助成（「大阪ルネッサンス戦略研究」）を受けた。最後に期日を大幅に遅延していた企画を予定通り刊行することができたのは、ミネルヴァ書房の梶谷修、東寿浩の両氏の献身的な努力の賜物である。記して感謝するものである。

二〇〇六年　五月

執筆者を代表して　陶山計介

〈写真提供〉

（財）大阪観光コンベンション協会：カバー写真（「天保山」、「梅田周辺」除）、第三章六〇頁

大阪市：第一部、第二部扉

南海電気鉄道株式会社：第三部扉

大阪ブランドコミッティ：第五章一二二頁

大阪ブランドルネッサンス——都市再生戦略の試み

目次

第一部　大阪ブランド・ルネッサンスの理論スキーム

第三部　大阪ブランド・ルネッサンスの展開

序　章　ブランドのパワーで都市を再生する

ブランド戦略とは製品を「顧客が購入する夢」へと価値転換を施すことによって顧客の能動的関与を喚起する戦略である。この価値創造機能が重視されるなかでブランド戦略はその対象を製品から事業、さらに企業、産業へと発展させてきたが、今日、その最先端に都市ブランド戦略を位置づけることができる。それは顧客をファンに仕立てるブランドのパワーを地域や都市のガバメントに組み込むことによって沈滞した都市を再生する試みに他ならない。

本書は都市ブランド戦略のあり方を考察し体系化した初の書物である。序章では本書の刊行趣旨、視点・枠組みと狙い、構成などについてその概要を紹介する。

1　ブランド戦略を都市活性化のために活用する

（1）「大阪のまちキャラクター」――キタとミナミの違い

大阪市を代表する二つの繁華街である梅田（キタ）からなんば（ミナミ）までは地下鉄御堂筋線に乗れば約一〇分で移動できる。しかし街の雰囲気はキタとミナミとで大きく異なる。

梅田を中心とするキタは新幹線の新大阪駅や伊丹空港へのアクセスが良く、他地域から大阪を訪れる際の玄関口となっている。御堂筋の淀屋橋から本町にかけては大企業の本社や支社が軒を連ね、ビジネス街を構成する。街は垢抜けていて、その景観は東京や他の地方中核都市と変わらない。

これに対して、なんば、道頓堀、心斎橋などのミナミにはショッピングや飲食、劇場などのレジャー施設が集積していて、街の情景に巷間言うところの「大阪らしさ」が濃い。テレビの全国放送で大阪を紹介するときには、道頓堀の屋外広告がよく利用される。夜の水面に映えるグリコのマラソンランナーの「ゴールインマーク」、「づぼらや」の河豚、「かに道楽」の蟹、「くいだおれ」のチンドン屋スタイルの人形など、巨大で、カラフルで、動きのついた、いささかあくどい造形物が街を彩っている。ファッションのテイストもまたキタとは異質で、鮮やかな原色を大胆に取り入れ、「光り物」と言われるアクセサリーを好んで身につけるコーディネートが街をことさらにくっきりと際立たせる。ある百貨店の店長はミナミと前任地である東北の都市との落差に愕然として、「ここは日本ではなくてアジアだ」と感想を述べたことがある。

なんばからさらに地下鉄で一〇分の天王寺・阿倍野へ行くとまた空気が違うし、郊外の河内や泉州もそれぞれの個性を持っている。

このような大阪の中の街が住民にはどのように受け止められているのか、意識調査によって探ってみた。[1] 梅田・なんばをはじめ大阪の一一の街を対象として、あらかじめ設定した一七のキャラクターになぞらえてパーソナリティ・イメージをコレスポンデンス分析によってとらえると、地理的には僅かな距離しか隔たっていないにもかかわらず、それぞれの街が固有のイメージをもつことが明瞭に浮かび上がってきた（**図序―1**を参照）。

キタの中心地・梅田のまちキャラクターとしては「エリートサラリーマン」が突出して高く、「ファッションモデル」「ダンディな紳士」「優等生」が次いでいる。総じて上品なエリートのイメージである。御堂筋はキタとミナ

図序-1　大阪府内の街のキャラクター

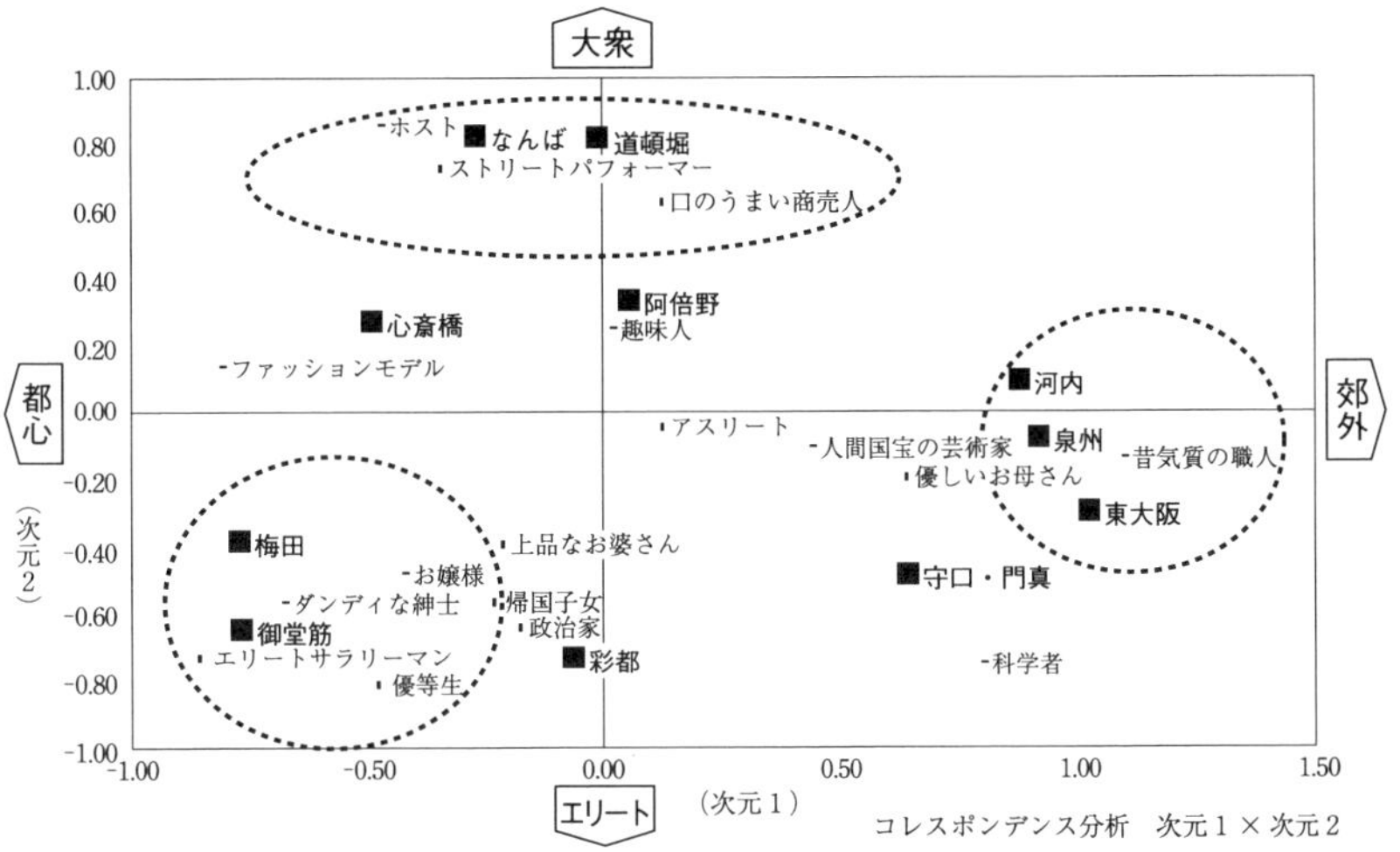

（出所）　大阪住民意識調査。

ミを繋ぐ大阪の幹線道路であるが、街キャラクターは「エリートサラリーマン」に「ダンディな紳士」が次ぐ構造で、梅田に近似する。ビジネス街のイメージが濃いためであろう。

一方、ミナミを特徴づける街キャラクターは「口のうまい商売人」「ホスト」「ストリートパフォーマー」であり、お喋りで賑やか、歓楽的で躍動感に溢れていて、静的なキタとは対照的である。とくになんばと道頓堀でその色が濃い。だが心斎橋まで来るとそれらのイメージはやや薄まり、代わりに「ファッションモデル」がトップに立って、街キャラクターがおしゃれに洗練されてくる。

東大阪は、「昔気質の職人」に突出した街キャラクターを形成している。そのスコアは今回の回答で最も高い。中小企業の集積する街であるが、経営規模は小さくても先端技術を持つオンリー・ワン企業が多い。それがキャラクターに反映している。

河内と泉州も、「昔気質の職人」に特徴づけられている。河内は他に「口のうまい商売人」「優しいお母さん」など、イメージに膨らみがある。一方これらの街に比べて、阿倍野、守口・門真、彩都はキャラクターが不鮮明である。

コレスポンデンス分析によると、大阪のイメージは大きく三つの街キャラクターで規定されていることが分かる。すなわち、梅田・御堂筋の「エリートサラリーマン」、なんば・道頓堀の「口のうまい商売人」、東大阪・河内・泉州の「昔気質の職人」である。一般に「大阪」というと「庶民的」「商人」「笑い」「賑やか」といったイメージでとらえられがちであるが、それはミナミの特性であって、大阪は別の顔もあわせてもっていることが分かる。

このようなキャラクター分析は、製品や事業を対象とするブランド戦略でよく用いられる手法を街に応用したものである。[2] ここでとらえられたものは、住民＝生活者が評価し期待するまちのイメージであるため、小売店舗出店や地域開発、また都市計画の基礎データとして活用することによって、都市再生の施策を有効に講じることが可能となる。これが都市を対象とするブランド戦略の実践事例の一つに他ならない。

（2）ブランド戦略の最先端に位置づけられる都市ブランド戦略

アーカーが著書『ブランド・エクイティ戦略[3]』において、ブランドはファッション製品や高級品に特有の存在ではなく、あらゆる企業にとって持続的な競争優位をもたらす重要な経営資源であることを説き、ブランド観を一変させて以来十余年が経過した。今日、ブランド戦略はマーケティングや企業経営に不可欠のアプローチとしてすっかり定着している。

それでは、ブランドとは何なのだろうか。ブランド研究の先覚者の一人であるキング（King, 1973）は、「製品とブランドとの違いは本質的なものである」とした上で、その違いを次のように規定している。[4]

「製品は工場で作られるものだが、ブランドは顧客が購入するものである。製品は競合企業によって模倣されるが、ブランドはユニークである。製品はすぐに陳腐化するが、成功するブランドは永遠の生命をもつ。」

すなわちキングが主張するブランドとは、「企業が製造した製品」を「顧客が購入する夢」へと価値転換した存在に他ならない。製品はその実体が提供する属性や便益を超えて、それを購買・使用することの「能動的な意味づけ」に対する共感を顧客から得ることを通じてブランドになる。製品との間にブランドという「意味の絆」が結ばれたとき、顧客は単なる購買者・使用者ではなく、ファンとなりマニアとなってリレーションシップ（関係性）を積極的に深めてゆく。ブランドの理想像は、顧客のアイデンティティを表象するシンボルのポジションを獲得することである。そこまでリレーションシップが深まったとき、ブランドはユニークで永遠の生命をもつに至るのである。

顧客評価を通じて競争優位を実現するブランドの戦略性は、こうして多くの製品に活用されることとなった。製品ブランドの基本は、それに固有の差別優位的な意味をネーミングやデザイン、さらにはスローガンをはじめとするコミュニケーションを介して表現することにある。このことを原点として、ブランド戦略の発展は、一方でブランドを構築する対象を製品から事業へ、さらには企業、産業へと拡大させていった。同時に他方でブランド構築のアプローチもまた、意味表現から意味作用へ、さらに意味生成へと、よりダイナミックなものが採用されるようになっていく（**図序－2**）。

たとえば、ナイキの一連のブランド広告には製品の優位性を表現し説得するためのメッセージは一切含まれていない。それはさまざまなシーンを提示しながら、スポーツをすることの素晴らしさ、さらにはスポーツへの挑戦を通じて前向きに生きることの大切さを謳い上げるなど、社会的ないし文化的な意味生成の働きかけを中心に据えて展開する。その上で、“Just do it.”という企業スローガンをタグラインとして用いることによって、ナイキというブランドをそれらの行為に寄り添い、支援する存在として描き出すのである。そこにはブランドと顧客との間に深い共感を醸成するための、コンシューマー・インサイトに満ちた意味の交歓が仕掛けられている。

顧客に協同の意志と主体的関与を喚起する「価値創造のネクサス」としてのブランドは、この通り多くの領域に

図序-2　ブランド戦略の発展

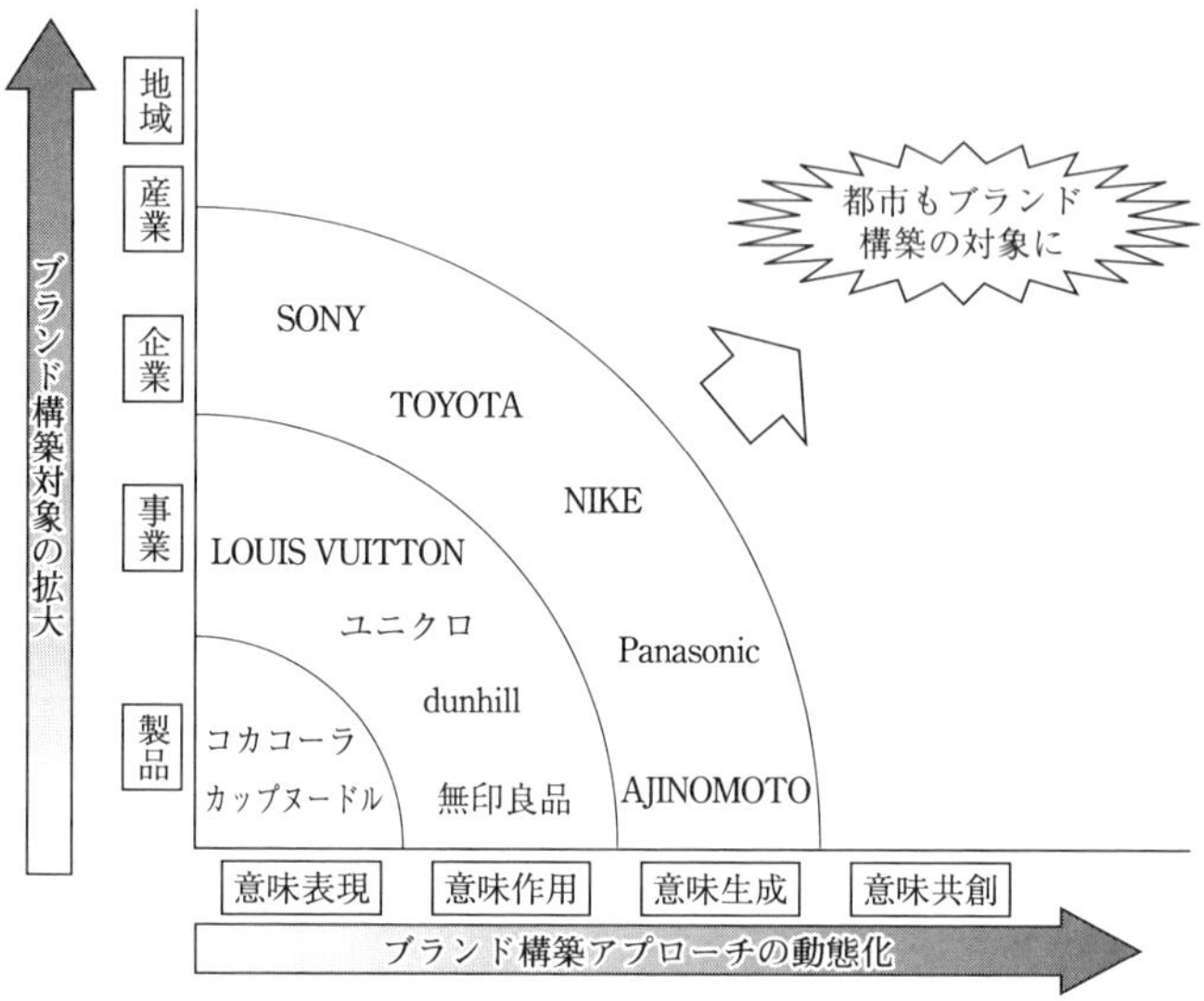

（出所）　筆者作成。

対して適用することが可能である。そして今日、その最先端として注目されているものが、ブランドのパワーを活用することによって、沈滞した都市を再生し、新たな活力を招き入れようとする都市ブランド戦略である。それは地域をも対象にした意味共創のネットワークの構築の試みと言えよう。冒頭に紹介した大阪の街キャラクター分析は、その実践事例の一つに他ならない。

都市もまた、ブランド構築の対象となる。それどころか、都市は日々の生活を営む舞台であり、仕事をはじめ趣味や消費・レジャー活動など自己実現の舞台でもあるため、市民・NPO・行政当局、企業・投資家、観光客・来訪者・移住者など都市を構成するステークホルダーにとって自己のアイデンティティを表象する場として重要な位置づけをもつ。従って、都市のブランド価値を高める意義は非常に大きいと言えるだろう。

こうして、都市ブランド戦略の構築は都市政策からもブランド戦略からも新たな展開として期待を集めつつあるのである。

2　大阪再生戦略とブランド

(1) 大阪における都市再生の現状

ここでは大阪で近年取り組まれてきた都市再生の試みを取り上げ、その現状と到達点を確認しておきたい。

大阪市では一九九〇年に『大阪市総合計画21』を策定したが、そこにおいて「新しい大阪の創造」に向けたまちづくりを提言した。大阪都市圏の中核都市としての大阪は、東京・名古屋などの都市圏との連携を深め、また瀬戸内圏・西日本・全国との交流拠点として、高次な都市機能の充実をはかることにより、二一世紀の多極分散型の国土構造を実現する先導役を果たし、世界と日本をつなぐ交流の結節点をめざす必要がある。まちづくりもこのような大阪の果たすべき役割に合致したものでなければならない、とその位置づけを明確にした[5]。

一方、大阪府でもこの間、「大阪地方計画」(一九六七年度)、「大阪府総合計画」(一九八二年度)、「大阪府新総合計画」(一九九一年度)と一連の総合計画のなかで都市再生を謳ってきた。一九九一年に策定された「大阪府新総合計画」では、「計画の基本理念」として、①交流と創造の時代を先導する大阪(経済・文化・学術などあらゆる分野にわたる人・モノ・情報が交流し、新たな価値を創造する国際的な舞台をめざす)、②新しい豊かさの時代を先導する大阪(住み、働き、学び、憩うすべての面において、ゆとりと潤い、文化性に満ちた新しい豊かさを実感できる大阪をめざす)、が掲げられた。

ここでは直近のものである二〇〇〇年に制定された「大阪の再生・元気倍増プラン～大阪21世紀の総合計画」を取り上げてみよう。そのなかでは、二一世紀の大阪の将来目標を、「大阪の再生・元気倍増」、すなわち、「大阪の都市や産業などが再生し、大阪に集い、暮らす誰もが夢をもち、夢をかなえる元気あふれる大阪づくり」とし、これを施策の基本に据えた(6)。

そしてこれに基づいて大阪の将来像が、「人」「くらし」「都市」それぞれについて以下のように具体的に展開されている。

①人が元気であること(一人ひとりが自分の可能性を最大限に発揮して、自分の夢を実現できる社会)。

大阪が世界に誇りうる最大の資源は、「進取の気風」をもつ個性豊かな「人」です。「大阪の再生・元気倍増」を実現していくためには、大阪に集い、くらす誰もが自分の能力や個性を存分に発揮しながら、仕事や学習、文化活動、あそびなどにおいて、夢に積極的にチャレンジする、そんな元気あふれる人であることが必要です。そこで一人ひとりが自分の可能性を最大限に発揮して、自分の夢を実現できる社会を実現していきます。

②くらしが安心であること(生涯にわたって、人と人とがふれあい、支えあう中で、誰もが安全で安心してくらせる社会)

人や企業などが自分の可能性を十分に発揮し、自由に元気に活動し、夢をかなえていくためには、その前提として、生涯を通じて健康で、ゆとりと生きがいをもちながら、安全で安心してくらせる社会が必要です。そこで環境と調和しながら、生涯にわたって、すべての人の人権や個性が尊重され、お互いにふれあい、支えあうことによって、誰もが安全で安心してくらせるような社会を実現していきます。

③都市が元気であること(大阪の都市としての魅力をさらに磨き、新しいものを取り入れ、新たなものを生み出す活力ある都市)

人々が自由に活動するためには、その舞台としての「都市」が元気であることが必要です。そして、このことによって、地域社会や経済が活力に満ちたものとなり、一人ひとりの多彩で豊かなくらしが可能となります。

そこで、常に新しいものを取り入れ、新しいものを生み出してきた「都市」としての魅力を二一世紀においても発揮し、そこにいるだけで面白くて幸せになれる、自由で元気な活動の舞台を実現していきます。

これらはいずれも大阪再生に向けた重要な戦略課題と実現に向けたステップを示している。大阪再生はこれが達成されれば文字通り現実のものとなるであろう。

(2) 大阪再生の未来とブランド

しかし、東京、名古屋と並んで三大都市圏を構成し、人口や経済力、行政組織などの面でスウェーデン、オランダやスイスなどと同じ一国規模をもつコスモポリタン都市である大阪の都市格と都市再生の課題や実現プロセスの複雑性と多様性を考えたとき、果たしてこのようなやり方で十分にその目標が達成できるだろうか。最大の問題点は、行政ないし自治体がこれまで策定してきた総合計画なりビジョンに固有のスタイルである「公約宣言型」のスタイルが基本的に踏襲されていることである。言うならば、それは地域マネジメントの直接の当事者である行政当局が自ら宣言し、自ら実現するという自己完結型の手法にほかならない。

「新しい大阪の創造」に向けたまちづくりや「大阪の再生・元気倍増」という都市再生の課題は、その規模の点でもその広がりや影響力の点でも、従来の延長線上では不可能であろう。何か新しい視点や発想、新しい取り組み方やマネジメント手法が求められる。それは端的に言えば、「オール大阪」による都市再生である。市民・NPO・行政当局、企業・投資家、観光客・来訪者・移住者など大阪という都市を構成するすべてのステークホルダーが協同し、連携していく、都市マネジメントとそこにおけるパラダイム転換が不可避なのである。

そうしたステークホルダーが協同し、連携していくためには、各種の個別的な利害や目標を超えて深奥からの一

コラム

大阪のシンボル

大阪のシンボルは何か。インターネットのヤフーというサイトにおいて「大阪のシンボル」というキーワードで検索すると、トップにくるのが「大阪府章」である。このマークは太閤さんの「千成びょうたん」を図案化したもので、一九六八年六月二二日の「府政一〇〇年の日」に制定された。大阪（ＯＳＡＫＡ）の「Ｏ」を基礎にして、希望（明るく）・繁栄（豊かで）・調和（住みよい）を上に伸びる3つの円で表しているといわれる（大阪府庁ＨＰ参照）。

大阪府章

大阪市章

同じく大阪市の市章もある。みおつくし（澪標）である。これは、昔、難波江の浅瀬に立てられていた水路の標識であるが、大阪の繁栄は当時から水運と出船入船に負うところが多く、人々に親しまれ、港にもゆかりの深いみおつくしが、一八九四年四月に大阪市の市章となった（大阪市役所ＨＰ参照）。それ以外にも府下の各自治体にはその数だけシンボルがある。

またグーグルという検索サイトで「大阪のシンボル」を検索すると、「御堂筋」、「通天閣」、「大阪城」、「大阪万博の太陽の塔」などがヒットしてくる。

府や市の鳥、花、歌などが大阪のシンボルになるかも知れない。あるいは大阪人の心意気や精神のような目に見えないものをあらわす場合もある。いずれも大阪をシンボリックに表現するものであるが、問題はそれらが大阪のアイデンティティやイメージを真に正しくかつ豊かに代表しているかどうかである。

一例をあげると、二〇〇五年二月、振り込め詐欺を防止するために、静岡県が「大阪のおばちゃん」を起用して制作したＣＭが物議をかもした。「みんなで詐欺から身を守りましょう」というＣＭの趣旨はともかく、なぜ大阪と比較したのか、なぜ「大阪の人たちを見習って」なのかが問題となる。刑法犯の発生件数や被害金額が東京都とならんで多いことは事実としても、「大阪のおばちゃん」がしっかりしているので犯罪を未然に撃退しているというのはひとつの予断である。興味本位ではなく、そうした報道が大阪のイメージを正しく伝えているかどうかの検証が求められよう。

体感を醸成する磁場ないし求心力がなければならない。また合理的精神と情緒的精神の両者が不可欠となる。「人」「くらし」「都市」を結びつけるネクサスとムーブメント、これがブランドに他ならない。都市はブランドを得てその本格的な再生への一歩を歩み始めるのである。

3　本書の刊行趣旨と概要

本書は都市ブランド戦略のあり方を初めて本格的に考察しようとした体系書である。

理論面においては、ブランドが本質的に有する「意味」や「価値」の創造力を都市の再生や活性化に適応するためのアプローチや方法を吟味し、提唱する。その都市で生きることの誇りと自信を住民がもち、かつそれが自律的なネットワーキングを通じて増幅してゆく、このような内部から都市活力を生み出す「パワー」としてのブランドのダイナミックな戦略性を明らかにする。

一方、実践面ないし政策面においては、大阪の都市再生への提言を具体的に展開している。幕藩時代には「天下の台所」、近代には「モダンシティ」として人びとの尊敬と憧れを集めた大阪であるが、昨今は経済的な地盤沈下とともにイメージの劣化が著しい。「恐い」「あくどい」「あつかましい」「守銭奴」「無秩序」といった否定的なイメージが付きまとい、住民に自信喪失や開き直りをもたらしている大阪の現状は、裏返しのブランド価値を外部から押しつけられていると言える。これを払拭し、肯定的な価値を仲介者とする住民との関係を再構築する上で、ブランド戦略の果たす役割は大きい。そうした意味で大阪再生は、都市ブランド戦略の具体的な実践を試みるための格好のテーマである。

本書は大きく三部から構成されている。

第一部「都市ブランドルネッサンスの理論スキーム」においては、都市ブランド戦略の理論を体系化して提示する。

二〇世紀が強力なリーダーシップのもとでの成長と開発を志向する「中央集権国家の時代」であったのに対して、二一世紀は「地方の時代」であり、都市を自律的な生活の舞台として再生し活性化することが課題となる。この目的のためにブランド構築を導入する試みが既に国内外で始まっている。そうした先行事例を紹介しながらブランディングを通じた都市再生の意義について考察を加え、都市ブランド戦略の理論スキームを体系化する。

都市ブランドとは、都市とそのステークホルダーとの間に取り結ばれる創造的な意味の絆であり、生活や生産、あるいは文化、観光などさまざまな人間活動の舞台である都市の資源とバリューのネットワークにおける結節点の役割を果たす。都市は〝ブランド創造都市〟へと移行することによってステークホルダーとの間にウイン＝ウインの関係を構築し、より能動的な関与を喚起してゆくのである。

こうした都市のブランド創造に向けて、「ブランド資源要素のネットワークモデル」を提唱する。これは中核にブランド・スピリッツを据えて多くのブランド資源要素を整序するとともに、パーソナリティとバリュー・スペースによってブランド・アイデンティティを方向づけ導き出すモデルである。こうしてダイナミックなバリュー表現力を獲得した〝ブランド創造都市〟は、ステークホルダー志向のネットワーク型リージョナリズムと呼ぶ新しい都市ガバナンスを実現することができる。

創造都市モデルの活用によって二一世紀における新しい価値創造を先導する展開として「大阪ブランド・ルネッサンス戦略」を位置づけた上で、大阪を舞台にブランド戦略に基づく都市再生の条件を整理することが第二部「大阪ブランドの分析――その強みと弱み」の課題である。ここでは住民意識調査の結果やブランド・ヒストリーに基づいて大阪のプラス・イメージとマイナス・イメージを詳細に分析し、ブランド資源要素の魅力を吟味する。

大阪に沈滞をもたらしている大きな問題点は、ガバナンスの欠如である。とりわけ経済的な地盤沈下の弊害が指摘され始めた昭和初年以降、この問題は東京一極集中の負の遺産として大阪の沈滞に付きまとってきた。大阪再生のためには、その主体的条件としてガバナンスの対案を構築することが不可欠となる。この点において懐徳堂をシンボルとする「自主独立の精神」に注目し、これをブランド・スピリッツとすることによって豊富なブランド資源要素を統合する推進力となる「魂の復興」を提言する。

さらに第三部「大阪ブランド・ルネッサンスの展開」においては、大阪の再生ないし活性化に向けた都市ブランド戦略の実践を展望する。

ここではまず大阪のブランド・アイデンティティを表現する舞台である「ブランド・アリーナ」として、〝Brand-new Osaka：カオスモスシティ〟を提唱する。この「カオス」と「コスモス」を組み合わせた造語によって混沌と秩序とを重ね合わせながら革新を創発する都市大阪の存在意義を強調しながら、その実践として都市ビジョンを世界に語るためのブランド・ステートメントを整理する。その上で、大阪の行政・財界・学界が統合して設立した「大阪ブランドコミッティ」を核としながら、大阪のさまざまなブランド資源を発掘し、磨きをかけたうえで情報発信する「パネル活動」の推進と、その成果をアピールするイベント「大阪ブランド戦略推進会議」を通じて〝ブランド創造都市〟のネットワーク型リージョナリズムを具体化するムーブメントの創出を展望する。

このような大阪を対象とする都市ブランディングの挑戦は、すぐれて普遍性を備えている。そこで終章「日本発の都市ブランド・ルネッサンスの提言」において、大阪での成果を国内からアジア、さらには世界の諸都市の再生に向けて取り入れることを提唱して本書を締め括る。

送り手と受け手との間に「意味の絆」を取り結ぶことを通じて協同の意思と主体的関与を呼び起こす「価値創造のネクサス」であるブランドのパワーは、今日においてはマーケティング戦略構築の出発点として位置づけられ、企業経営になくてはならない無形資産として重要視されるに至った。沈滞した都市を活性化させる都市マーケティングや都市経営においてもブランドは強大なパワーを発揮する。都市再生の切り札としての「都市ブランド戦略」の実践が期待されるところである。

注

（1）調査設計は第四章第一節参照。

（2）ブランドのキャラクター分析についての詳細は、陶山計介・梅本春夫『日本型ブランド優位戦略』ダイヤモンド社、二〇〇〇年、九九～一二二ページ参照。

（3）Aaker, D. A. *Managing Brand Equity*, The Free Press, 1991.（陶山計介・中田善啓・尾崎久仁博・小林哲共訳）『ブランド・エクイティ戦略』ダイヤモンド社、一九九四年。

（4）King, S. *Developing the New Brand*, Sir Isaac Pitman & Sons Ltd, 1973, p. v.

（5）大阪市ＨＰ、「大阪市総合計画21」（http://www.city.osaka.jp/html/machi/sesaku/sogo21）

（6）大阪府ＨＰ、「大阪の再生・元気倍増プラン——大阪21世紀の総合計画」（http://www.pref.osaka.jp/kikaku/soukei）

第一部　大阪ブランド・ルネッサンスの理論スキーム

大阪城と OBP

大阪をめぐる内外の「抑圧」と「閉塞感」をもたらしてきた「アンシャンレジーム」を打破し、自立と「解放」、人間性の開花、文化や社会的・経済的豊かさを実現する「大阪ブランド・ルネッサンス」を実現するための理論スキーム、すなわち、都市ブランドの意義と役割、その推進条件とコア・コンピタンスを提示する。

第一章　今、なぜ都市ブランドなのか

二一世紀は「地方の時代」と言われるが、分権、自治、協同に基づく新しい都市のあり方が問われるようになった。そうしたなかで一つの大きな潮流となってきたのがブランディングを通じた都市再生である。本章ではその先行事例を国内外に求めて全体として概観する。

1　「地方の時代」における都市や地域

（1）「ふるさと創生」と「地方分権」

二一世紀は「ＩＴ革命」、「グローバル」、「バイオテクノロジー」、「環境」などさまざまなキーワードで語られているが、「地方」あるいは「地域」「コミュニティ」も今の時代をあらわす重要な構成次元として欠かすことができない。インターネットやバイオといった先端的な科学技術のもつデジタル、統合的、一元的な世界観ないし価値観に対して、ローカルという言葉は、アナログ、分権的、多元的な世界観ないし価値観を代表しているようにみえる。そこにおいてブランドという概念はどのような意義ないし役割をもっているのか。

わが国で「地方の時代」が叫ばれるようになった契機ないし背景としては、少なくとも次の四点が考えられよう。

第一は、「ふるさと創生事業」である。一九八八年の竹下内閣時に「ふるさとづくり特別対策事業」及び「自ら考え自ら行う地域づくり事業」の二本柱からなる「ふるさと創生事業」がスタートした。これは東京一極集中や地域格差の増大に対して、個性的・魅力的な地域づくり事業を通じて地域の活性化を図り、「多極分散型国土」の形成を進めようというものである。それを支援するために全国の各市町村に対して一律一億円が交付税措置された。一億円という支援の実効性や各自治体の取り組みのばらつきはあるものの、「ふるさと」の魅力形成に向けた課題が最初に全国的な話題になった点では意義深いといってよい。

第二は、「地方自治」や「地方分権」の推進[1]である。地方分権の推進は、国及び地方公共団体が分担すべき役割を明確にし、地方公共団体の自主性・自立性を高め、個性豊かで活力に満ちた地域社会を実現することを基本としながら行うという目的で、一九九五年に地方分権推進法が制定された。そこでは地域の行政は、地域の住民が自分たちで決定し（自己決定）、その責任も自分たちが負う（自己責任）という行政システムの構築が志向された。そのために機関委任事務制度を廃止し、地方公共団体の処理する事務を自治事務と法定受託事務に再構成したり、地方税財源を充実確保するといった施策が矢継ぎ早に打ち出された。ただこれを実現するためには、地方分権改革推進会議が二〇〇三年に意見としてまとめたように、国庫補助負担金、地方交付税及び税源移譲を含む税源配分のあり方を三位一体で検討することが必要となる。それはともかく自己責任による地域再生を行財税政の面から後押ししようという動きとして注目される。

（2）「平成の大合併」と「都市間競争」

第三は、「平成の大合併」とも称される市町村合併の大規模な進行や広域行政への動きである。一九六五年に合併特例法が制定されたが、その後四〇年間にわたって延長され、市町村合併についてさまざまな法律の特例措置を定め、それを促進してきた。地方交付税への優遇措置や合併特例債によって合併後のまちづくりに必要な公共施設の整備や地域振興に必要な費用が軽減されたり、合併協議会の設置に関する発議が住民に開放された。こうした優遇措置が二〇〇五年三月三一日で打ち切られるということが合併に拍車をかけた。総務省の調査によれば、合併の結果、市町村数は一九九九年三月三一日時点で三二三二だったのが、二〇〇六年三月三一日には一八二二となり、この七年間で四三・六％も減少した。(2) 一九五五年前後の「昭和の大合併」に続くこのような大規模な自治体の再編成は、①交通・通信手段の発展、②少子高齢化の進展、③人々の日常生活圏の拡大、という背景のなかで、地方分権のもと、広域的で多様な行政需要に応えながら、行政改革を推進するという目的に沿ったものといわれる。あわせて個々の市町村はそのままのかたちで連携・調整して共通の政策課題に取り組むという広域行政も増大している。いずれにせよこのような合併や広域的な取り組みの進行は、そうした統合と連携を推進するネクサス＝結節点として固有の精神的支柱や都市のアイデンティティを再構築することが要請される。

第四は、「都市間競争」や「エリア間競争」の動きである。二〇〇一年六月に政府で閣議決定された「今後の経済財政運営及び経済社会の構造改革に関する基本方針」（骨太の方針）では、地方の個性ある活性化やまちづくり、都市の再生によるその魅力と国際競争力の向上がうたわれた。(3) 村の再編や地方財政の立て直しは急務であるものの、どの地域に行ってもまったく同じ光景を目にするという、都市が東京のミニチュア版と化している状況のもとでは真の意味で地方が中央から自立したとは言えない。自治体が住民の多様で個性的なニーズや期待に応えることも困難であろう。企業や製品をめぐる競争と同様に、地方公共団体の自主性に基づく地域間競争という視点を導入して、地方の魅力やパワーをアップさせながらその自立・活性化や個性ある地方の発展を図ろうという考え方である。

このようにさまざまな切り口からではあるが、中央と地方の関係のあり方が見直されるなかで地域や都市のルネッサンスや魅力向上、そのためのアイデンティティの再構築が近年急速に求められるようになった。それは皮肉に

図 1-1　「地域ブランド」の新聞記事件数の推移（1975〜2005年）

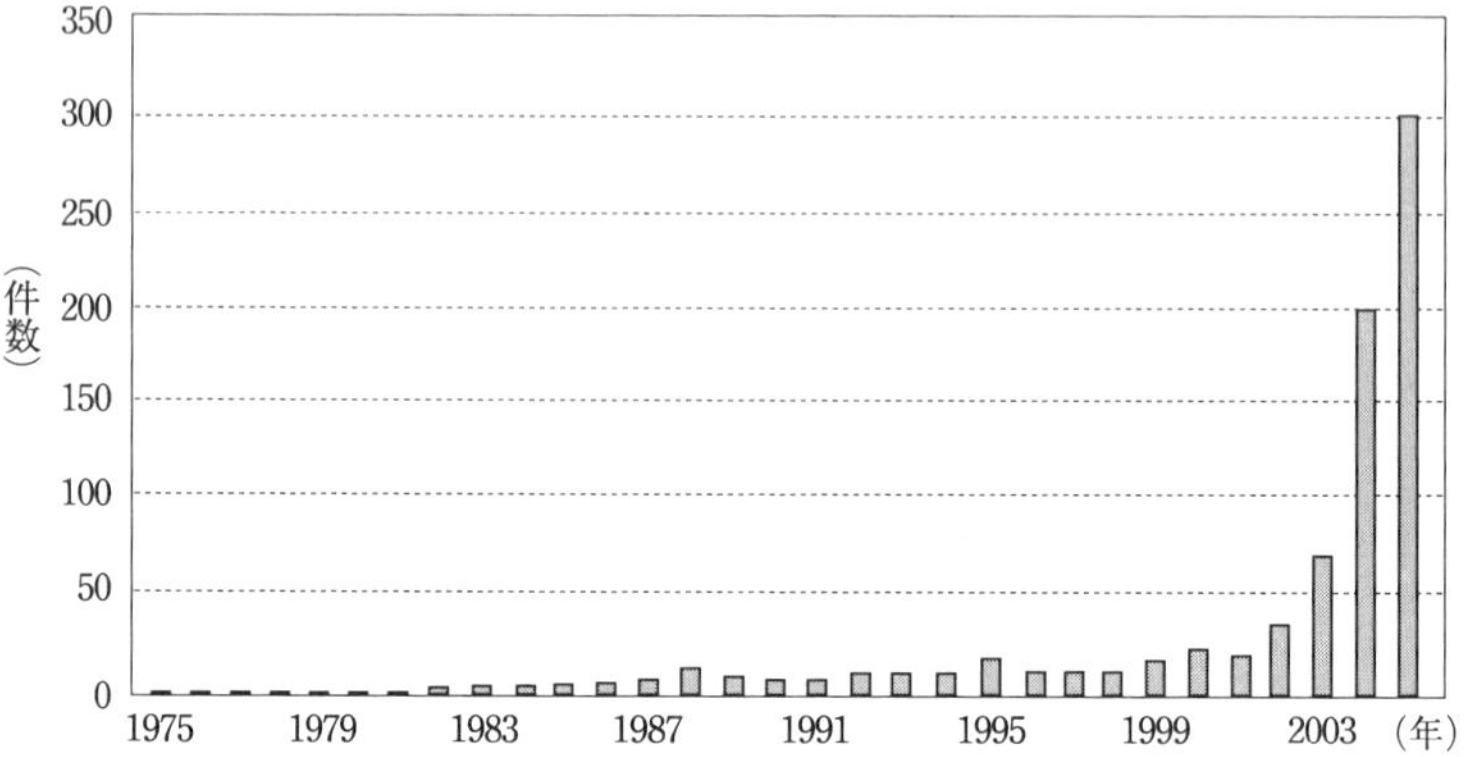

（注）　日経4紙，朝日，毎日，読売，産経の合計8紙での記事検索結果。
（出所）　日経テレコン21。

も政府主導ではあるが、従来推進されてきた画一的で、スケールと効率化を強調する中央集権的な国のあり方に対するひとつのアンチテーゼでもある。

2　地域・都市の活性化とブランド　——「青森ブランド」や「愛知ブランド」

（1）「地域ブランド」の動き

それではこうした地域や都市のルネッサンスにおいてブランドはどのように関連づけられているのか。一言でいうと、地域アイデンティティの構築・再構築においてブランドが地域のシンボルとしての役割を果たすことが期待されているのである。

日経テレコン21で「地域ブランド」をキーワード（見出し、本文、キーワード、分類語）にして主要な全国版の新聞での取り扱いをみよう。日経四紙（日経、日経産業、日経金融、日経流通）、朝日、毎日、読売、産経の計八紙について記事検索をかけると**図1-1**のようになる。一九七五〜二〇〇五年で計八三八件がヒットしたが、一九八一年までは〇件、一九八二〜一九八七年は一桁とほとんど話題として取りあげられることがなかった。マスコミで「地域ブランド」に関する記事が急増するようになったのは、二〇〇二年からである。二〇〇四年、二〇〇五年ではそれぞれ二〇四件、三〇二件というように、「地域ブランド」は地域や都市の活性化における重要な枠組みと認識されるに至っている。

比較的早い時期から地域ないしまちをブランディングしようとする試みとして有名なものは、「夕張メロン」「十勝ワイン」「あきた小町」というようにメロン、ワイン、米といった単品の農水産物や特産品にそれぞれ地域名を冠するものである。それは個々の産品に付けられた名前であるが、特定の地域名と結びつくことで、他の地域のものと差別化したり品質の良さをアピールしてきた。

その他にも、「関サバ・関アジ」「京野菜」のように、サバ・アジであったり、なす・大根・ねぎなど複数の産品を総称する場合もある。またある種の階層構造をなしていることもある。例えば、「京野菜」の場合、「賀茂なす」、「伏見とうがらし」、「聖護院だいこん」、「九条ねぎ」というように単品自体にすでに名前が付けられている。そして「賀茂なす」や「聖護院だいこん」などをまとめる「京野菜」は、これらの各単品ブランドを束ねるレンジブランドである。「色よし、味よし、姿よし、香り高き京の伝統野菜は千年の都が磨き上げた京の宝物」「おもしろく、美味しくかつヘルシーな京のブランド産品」というのが、そのコンセプトにほかならない。

少し前の例であるが、長崎発の特産品をまとめた「ナガサキよかもん」は、「豊かな歴史と自然が醸した長崎商標繁盛絵巻」「出島から新しい文化が華開いたように、長崎特産品を発信します」をコピーにした。「津久井三姫物語」は、神奈川県の「森と湖の町」を舞台に民話や歴史的な実話・伝説に登場する悲運の三人の姫をテーマにしながら、物語性を持つ地域産品の振興力を発揮した試みであり、和菓子、地酒、組み紐の異業種・同業種共同に基づく地域ブランドである。「KFUW」（倉敷ファッションユニバーサルウェア）は、高齢者や体の不自由な人でも無理なく使いこなせる商品の導入で地域の活性化や魅力向上に役立てることをキーワードにした協同の取り組みであった。

とはいえ、これらの地域ブランディングでは提携や協同の広がりに差があるものの、あくまで当該地域の産品を域外にプロモーションしたり、関連する産業の振興という政策目的が如実にあらわれている。地域全体の活性化や居住する住民の意識改革という要素はほとんど見られない。

（2）観光産業振興とブランド――「青森ブランド」や「愛知ブランド」

近年急速に展開されてきた地域や都市のブランド化は、いわば売り込み＝プロモーション重視型の地域ブランディングにほかならない。

二〇〇四年一一月五日、「地域ブランドフォーラム in AOMORI」が開催された。これは青森ブランドを県内全域でまた全国にアピールするイベントの役割を果たした。そのもとになった「『AOMORI（青森）』ブランドの戦略的マネジメントについて」と題する報告書（二〇〇三年三月）によれば[4]、青森ブランド構築の発端は、二〇〇二年度に農林・商工等の関係者を構成員にしたかたちで設置された「青森県農林水産物活用産業振興協議会」にさかのぼる。青森ブランドはそこでの協議結果をふまえ、食に対する安全・安心をキーワードに新たに構築された。言い換えると、青森ブランドの目的は、複数の地域が一体となって地元の農林水産物を活用した商品開発や販路の拡大等への支援体制を拡充し、ひいては青森県産業の振興と県内雇用の確保を図ることである。

そのためにリンゴと白神大地が青森ブランドのシンボルとして活用される。「圧倒的な差別化ポイントを有する白神山地を、地域ブランドのイメージの中核に位置づけて青森ブランドを構築すべき」であることがそこでは提言された。なお AOMORI ブランドの全体構成と地域資源との関係は、**図1-2**に示される。

このような動きは農水省による「農産品のブランドづくり」が推奨されたことを受けたものでもある。そして青森県と同様の試みは千葉県、長崎県、佐賀県などでもみられる。「千葉ブランド」とは、おいしさと新鮮さに、さ

図 1-2　AOMORI ブランドの全体構成と地域資源

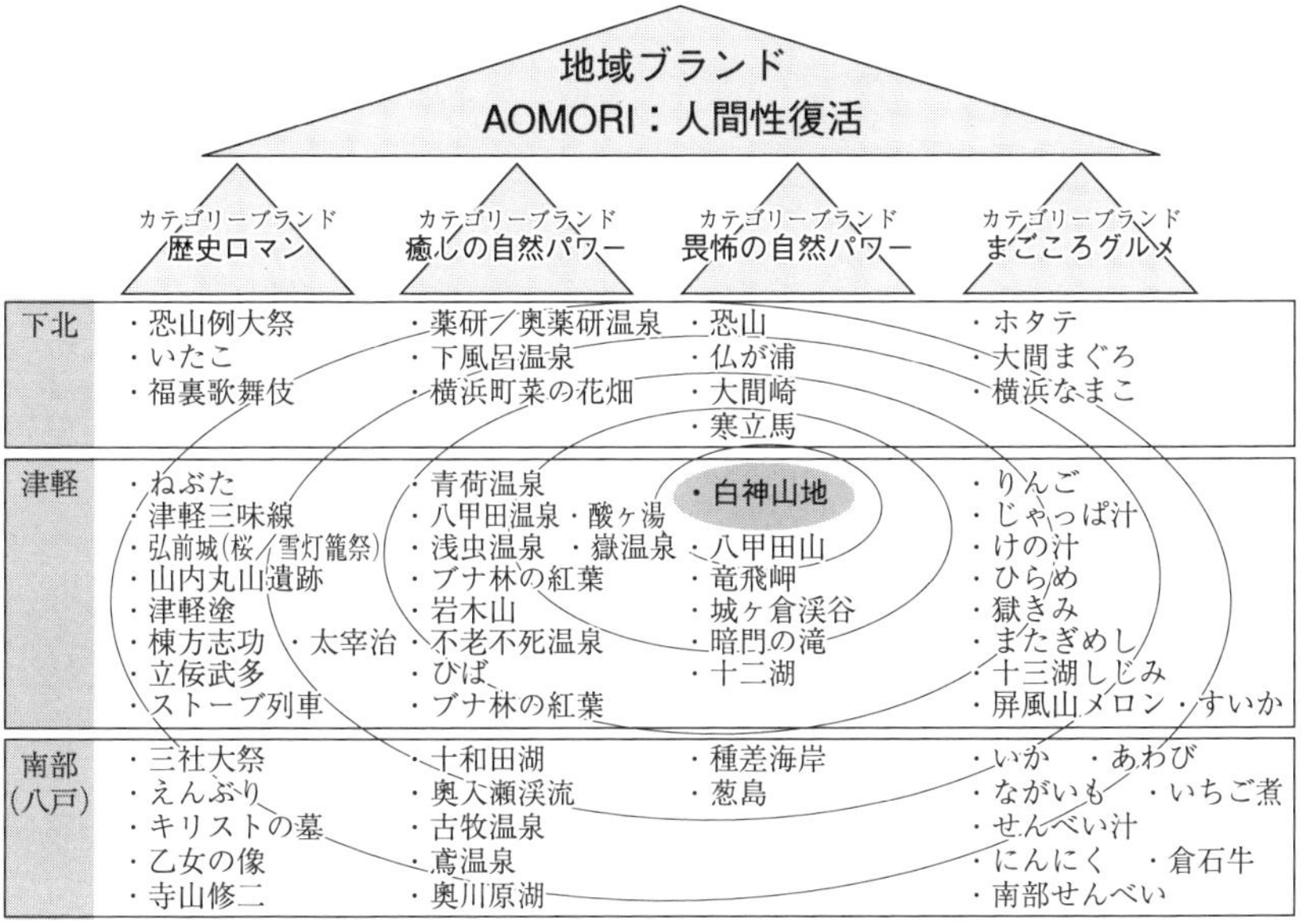

（出所）　青森県『AOMORI（青森）ブランドの戦略的マネジメント手法の確立について』2003年。

らに安全・安心が付加された、県民に信頼される農産物やこれを原料とする加工食品を指す。そして創意工夫で地域特性や資源を最大限生かして「千葉ブランド」産品をつくる産地を「千葉ブランド産地」という。食の安全・安心や新鮮でおいしい農産物等への消費者ニーズの高まりや輸入農産物の急増等による産地間競争が激化しているなかで、意欲ある農業者が、創意工夫を重ね、多様化した消費者ニーズに即応した「千葉ブランド産地」づくりを提案し実行しようとする場合、県がその取組みを支援するというものにほかならない(5)。

最近主張されている「長崎ブランド」も同様で、長崎県の農水産物及び地場産品のブランド化を図り、PRや販路拡大のための事業を展開するなかで、地場産業の振興を図っている。具体的には、

① ブランドながさき総合プロデュース事業——優れた素材である長崎県の農水産物の中から全国に通じる商品を選定し、民間企業の知識とノウハウを活用して、生産者、加工業者等との共

働作業でブランド化することにより、高い付加価値をもったリーディング商品（成功例）を生み出す。ブランド化の過程で育成された人材によって、リーディング商品に続く商品を誘発し、県内地場産業の振興に寄与させる。そして、将来的には、観光産業等他分野との連携により「長崎県」そのもののブランド化をめざす。

そのために「戦略商品」として決定した十品目を首都圏中心に重点的に販売・PRを行う。例えば、長崎びわ（茂木、長崎甘香、涼風、陽玉）、長崎みかん（出島の華、させぼ温州）、長崎さちのか、長崎ばれいしょ（アイユタカ、デジマ、ニシユタカ）、長崎アスパラ、長崎和牛「壱岐牛」、平成「長崎俵物」、壱岐剣（剣先いか）、ごんあじ、長崎あご（五島、平戸）があげられた。

② ながさき産地ブランド確立支援事業――「壱岐焼酎」、「島原手延そうめん」、「五島手延うどん」の三産地を指定し、産地が一体となって取り組む地場産品の知名度向上と販路拡大を支援する。(6)

一方、愛知県のブランド化事業は、「ものづくり版」ブランディングと呼ぶにふさわしい動きである。愛知県のブランディングは、二〇〇三年二月に「愛知ブランド検討委員会」が取りまとめた「愛知ブランドの構築に向けて」(7)に詳しい。そこでは、「愛知ブランドの構築の必要性」として、次の三点があげられた。

(1) 愛知県製造業の実力と知名度のギャップ――愛知県の製造業は、製造品出荷額等において三四兆四五五二億円（平成一三年工業統計速報、従業者四人以上の事業所）と二五年連続日本一の実力をもつが、「愛知県の企業」、「愛知県で作られたもの」としての評価は皆無に近い。

(2) 愛知県製造業の環境変化――愛知万博の開催、中部国際空港の開港と、大企業の海外展開の本格化がほぼ同時期に到来する二〇〇五年以降に、愛知県製造業の経済環境は大きく変化すると予測される。

(3) ブランド構築の今日的意義――ブランドが新たな経営資源として位置づけられるとともに、無形の資産として高く評価されるようになり、ブランド構築の重要性が注目されている。

このような状況のなかで、「愛知ブランド」によって、①愛知県製造業のイメージと知名度の向上、②地域ブランドを利用した競争力の向上、が図られる。その際、愛知ブランドの要素ないし愛知ブランドのエッセンスとして次の三つ、すなわち、①最高の品質（磨きぬかれた技術開発力、生産システムが生み出す最高の品質）、②顧客第一主義（顧客を大切にし、顧客の要望をいち早く製品に取り込み、アフターサービスも徹底することによる顧客第一主義）、③最善の環境配慮（排出物量の低減、廃棄物のリサイクル、エネルギーの効率利用などの取り組み、製品自体の環境負荷低減を通じた最善の環境配慮）、があげられている。言い換えると、これらの三つは他府県の製造業と比べてみて優れている、いわば都市間競争におけるコア・コンピタンスともいうべきものである。しかし、全国的にみてそのことが必ずしも十分認知されていない。ものづくりに関する愛知の優れたブランド資源をアピールし、そのイメージを高めることが課題として提起されるのはそうした事情による。

具体的な事業としては、愛知県が県内の優れたものづくり企業を「愛知ブランド企業」として認定し、それら認定企業を広報的立場から広く情報発信していくというものである。とはいえ、このような愛知県の地域ブランディングも、単なる既存ブランド資源の売り込み＝プロモーションの域を脱していない。

（3）地域団体商標制度の導入

二〇〇六年四月一日、「商標法の一部を改正する法律」が施行されたが、そこで導入された地域団体商標制度によって、こういった地域のブランディングがさらに推進されることとなった。従来は、夕張メロン、関あじ・関さば、佐賀牛などにみられるように全国的な知名度があることが条件であったが、今回の地域団体商標制度の導入によって、地名を伴う商標が複数の都道府県に及ぶ程度の周知性を得た場合でも地域団体商標として事業協同組合や農業協同組合が排他的に使用できるようになった。

コラム

地域ブランド保護への取り組み

二〇〇六年四月一日、「商標法の一部を改正する法律」が施行された。改正前の商標法では地域ブランドの保護という観点から見て、問題点があった。これまで、地域名と商品名からなる商標は、①図形などを組み合わせた場合（例。小田原かまぼこ、大館曲げわっぱ）か、②全国的な知名度を獲得したことにより、特定の事業者の商品であることを識別できる場合（夕張メロン、西陣織）に限られていた。その結果、図形と一体でないと使用できなかったり、全国的な知名度を獲得できないと登録を受けられなかった。

二〇〇四年五月に知的財産戦略本部が策定した「知的財産推進計画二〇〇四」や同年同月の経済産業省の「新産業創造戦略」を受けて、今回、改正される運びになったのである。地名入り商標については、より早い段階で団体商標として登録を受けることが可能となった。

地域ブランドとして認められる団体商標には、①団体の適格性、②地名と商品（役務）の密接な関連性（製品の産地、役務の提供地、生産原材料の産地など）、③使用による一定程度の周知性の獲得（出荷・販売状況、広告宣伝・記事掲載など）、④商標全体として商品（役務）の普通名称ではないこと、に関して特許庁の審査（一四条）を受けることになっている。

この条件に従って、四月一〇日までの一〇日間で三二四件の出願受付があった。地域別では近畿が一五四件とトップで、次いで東海（三二件）、北陸（二九件）、沖縄（二六件）と続く。出願された主なもののなかには「仙台名産笹かまぼこ」（宮城）、「喜多方ラーメン」（福島）、「魚沼産コシヒカリ」（新潟）、「八丁味噌」（愛知）、「松坂肉」「松阪牛」（三重）、「宇治茶」「九条ねぎ」（京都）、「神戸肉」「神戸ビーフ」「神戸牛」（兵庫）、「長崎カステラ」（長崎）などがある。

これらの出願については、六〜七カ月後に審査結果が出される予定であり、商標登録されたものは権利化され、保護されることになる。

ただそうした地域ブランドがブランドとして産品や商品・サービスに識別や品質保証、あるいは意味付与といった機能を果たすことができるかどうか、何らかの付加価値を提供できるかどうか、消費者にシンボルとして正確な情報を提供できるかどうかは別問題である。例えば、「神戸肉」「神戸ビーフ」「神戸牛」のように肉、ビーフ、牛に対して同じ神戸という地域名が冠される場合、かえって消費者は品質知覚上で混乱をきたす。さらに地域経済の活性化につながるかどうかも未知数であろう。

今回の法改正は、地域ブランドを登録商標として積極的に認めていくことを政策として打ち出したにすぎず、これを地域経済の活性化につなげるためには、ブランドのもつ「価値創造のネクサス」としての機能を発揮させる仕組みと取り組みが必要となる。

ここでいう商標とは、地域の名称、商品、役務の名称などからなるものであり、次の三類型が例示されている。類型1は「地域の名称」＋「商品（役務）の普通名称」、類型2は「地域の名称」＋「商品（役務）の慣用名称」、類型3は「地域の名称」＋「商品（役務）の普通名称」または「商品（役務）の慣用名称」＋「産地等を表示する際に付される文字として慣用されている文字」、がそれである。そして、特許庁には四月七日までの一週間で「豊岡鞄（かばん）」、「九条ねぎ」、「京友禅」など全国から約三二〇件の出願があったといわれる。(8) 地域ブランドを適切に保護することで、事業者の信用を維持するとともに、地域経済の発展を支援することが可能になるのではないか、と総務省は期待している。

ただ、みられるように、商品やサービスに地域名称を付加して差別化したり、それを排他的に使用することが可能になり、そのことが宣伝やプロモーションに貢献することはあっても、地域の活性化やましてブランディングにつながるかどうかは必ずしも保証の限りではない。

3　「日本ブランド戦略」の展開

（1）「日本ブランド戦略」の策定

二〇〇五年六月に政府の知的財産本部がまとめた「知的財産推進計画二〇〇五」では、「知的財産立国」を実現するためにも「多様で信頼できる地域ブランド」「魅力ある地域ブランド」を確立することが必要であると指摘されている。今回の商標法の改定は、生産者の意識喚起や戦略づくり、地域の特性をいかした製品の魅力向上など「戦略的な地域ブランドづくり」を支援したり、国内大規模消費地や海外市場への地域ブランドの展開を促進したり、さらに地域ブランドの価値向上やそれへの消費者の信頼の向上がめざされている。(9)

このような地域ブランド戦略は、国レベルのブランディングである「日本ブランド戦略」の展開の一環としても位置づけられている。「知識経済」や国家の魅力を競う時代にあって、イノベーションやコンテンツ、ブランドを経済成長の原動力とし、「魅力ある日本」を実現していくためには、知的創造活動を刺激し、活性化するとともに、その成果を知的財産として適切に保護し、有効に活用することが必要になっている。その全体の動きは二〇〇五年二月に政府の知的財産戦略本部のコンテンツ専門調査会、日本ブランド・ワーキンググループが取りまとめた「日本ブランド戦略の推進――魅力ある日本を世界に発信」に詳しい。(10)

「日本ブランド戦略」の目的は、「文化力の時代」である二一世紀においてわが国が世界から愛され尊敬される国となることである。すなわち、軍事力や経済力といった強制や報酬ではなく、文化力を一層向上し、また最大限に発揮しながら魅力ある「日本ブランド」を確立・強化しようというものにほかならない。ここで文化力や魅力とは、安全、安心、清潔、高品質といった日本に対する好感度を背景とした、わが国の独創性・伝統・自然との調和に根ざした日本文化をその源泉とするものである。魅力によって望む結果を得る能力（ソフトパワー）である。そして民間の力を活用しながら進められる「日本の優れたライフスタイルを活かしたブランドづくり」は、具体的には「魅力ある日本をつくるための三つの目標と一二の提言」にまとめられた。「三つの目標」とは、①豊かな食文化の醸成、②多様で信頼できる地域ブランドの確立、③魅力あるファッションの創造である。また「一二の提言」は、①優れた日本の食文化の評価・発展、②食のブランド価値の向上、③食を担う多様な人材の育成、④日本食の知識や技術の普及と海外展開、⑤生産者、観光業者、大学等の連携、⑥基準の整備・公開による信頼の創造、⑦地方自治体と産地が一体となった情報発信、⑧地域ブランドの保護制度、⑨デザイナーへのビジネス機会の提供や素材との連携、⑩人材の発掘・育成、⑪在外公館などの広報やビジネス支援、⑫ブランド保護のあり方の検討、を指す（**図1-3**を参照）。

図 1-3　日本ブランドの構築に向けた３つの目標

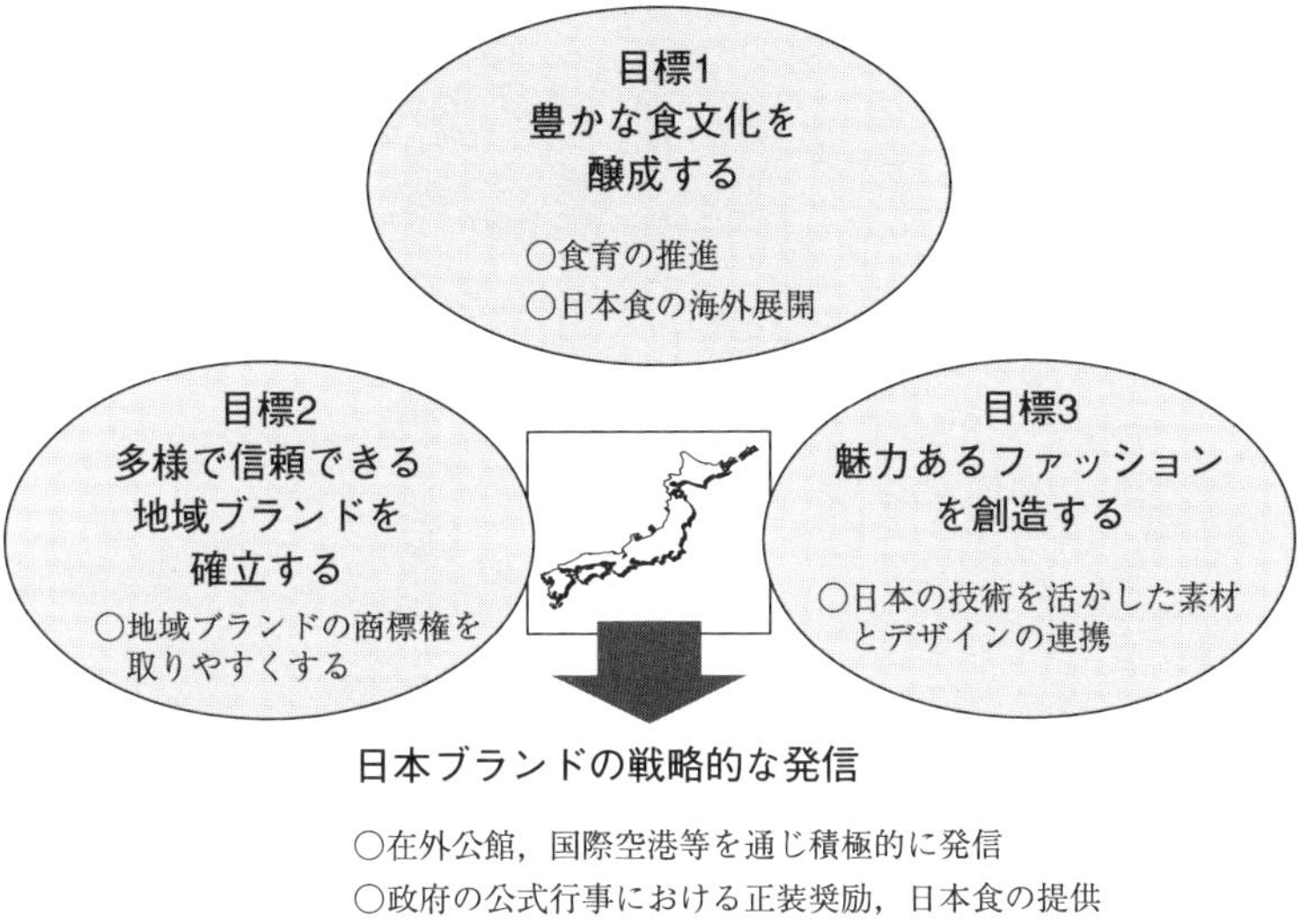
目標1
豊かな食文化を醸成する
○食育の推進
○日本食の海外展開
目標2
多様で信頼できる地域ブランドを確立する
○地域ブランドの商標権を取りやすくする
目標3
魅力あるファッションを創造する
○日本の技術を活かした素材とデザインの連携
日本ブランドの戦略的な発信
○在外公館，国際空港等を通じ積極的に発信
○政府の公式行事における正装奨励，日本食の提供

（出所）　首相官邸ＨＰ「日本ブランド戦略の推進の概要」(http://www.kantei.go.jp/jp/singi/titeki2/tyousakai/contents/brand4/siryou2.pdf)

（2）それがめざすもの

先にみた「魅力ある地域ブランド」の確立や「日本ブランド戦略」の展開は、実は二〇〇二年以降、政府が「知的財産立国」をめざして取り組んできた一連の知的財産推進戦略の一環として位置づけられる。ただそれを一部として含みながら、日本という国全体のブランディングをめざそうとしたものということができよう。

「日本ブランド戦略」で構想されている日本ブランドは、国のブランディングのあるべき基本方向を指し示している。ブランド戦略の目的を「世界から愛され、尊敬される日本」の創造におき、またそれを「日本の文化力」である独創性、伝統、自然との調和（安全、安心、清潔、高品質）に基づくブランドづくりによって実現しようとしている。この点では、後にみるアメリカの「イノベートアメリカ」が国の競争力の向上という特定かつバイアスのかかった目的に向けた国家再生戦略であるのとは対照的である。しかし、ブランド戦略の基本枠組みや進め方はいかにも狭く、また浅い。なぜ、「豊かな食文化の醸成」、「多様で信頼できる地域ブランドの確立」、

「魅力あるファッションの創造」が「魅力ある日本をつくるための三つの目標」なのか。また日本ブランドの戦略的な発信方法として在外公館、国際空港等があげられているが、これらは従来から行われてきた広報・キャンペーンと何ら変わらない。

4　「イノベート・アメリカ」と「クールブリタニア」——国家再生とブランド

（1）アメリカの国家再生戦略——「イノベート・アメリカ」（"Innovate America"）

大阪ブランド・ルネッサンスの理論スキームを考えたとき、参考になると思われるのは、アメリカとイギリスにおける国家再生戦略である。まずアメリカの競争力委員会（Council on Competitiveness）がまとめ、二〇〇四年一二月に開催されたイノベーション・サミットで発表されたレポート、『イノベート・アメリカ：挑戦と変化の世界における繁栄——国家イノベーションイニシアチブ報告書』（*"Innovate America: National Innovation Initiative Report"*）をみてみよう。(11)

この報告書は、二一世紀におけるアメリカの成功を決定づける唯一の重要な要因としてイノベーションをとらえる。今後アメリカが国内外の新たな繁栄をもたらし、生産性や生活水準を向上させ、グローバル市場でのリーダーシップを発揮できるかどうかは、イノベーション能力や創造性とコミットメントをいかに発揮するかに依存するというのである。そしてここから具体的に「国家イノベーション指針」として、①人（talent）、②投資（investment）、③インフラ（infrastructure）という三つの分野における諸課題に注目した。

今日の複雑かつダイナミックな現実をふまえると、イノベーションはかつてのように直線的でメカニカルなプロセスではなく、経済と社会が多面的かつ絶えず相互に作用し合っている「エコシステム」とみなされるのが最もふ

図 1-4　アメリカの国家再生戦略―「イノベート・アメリカ」

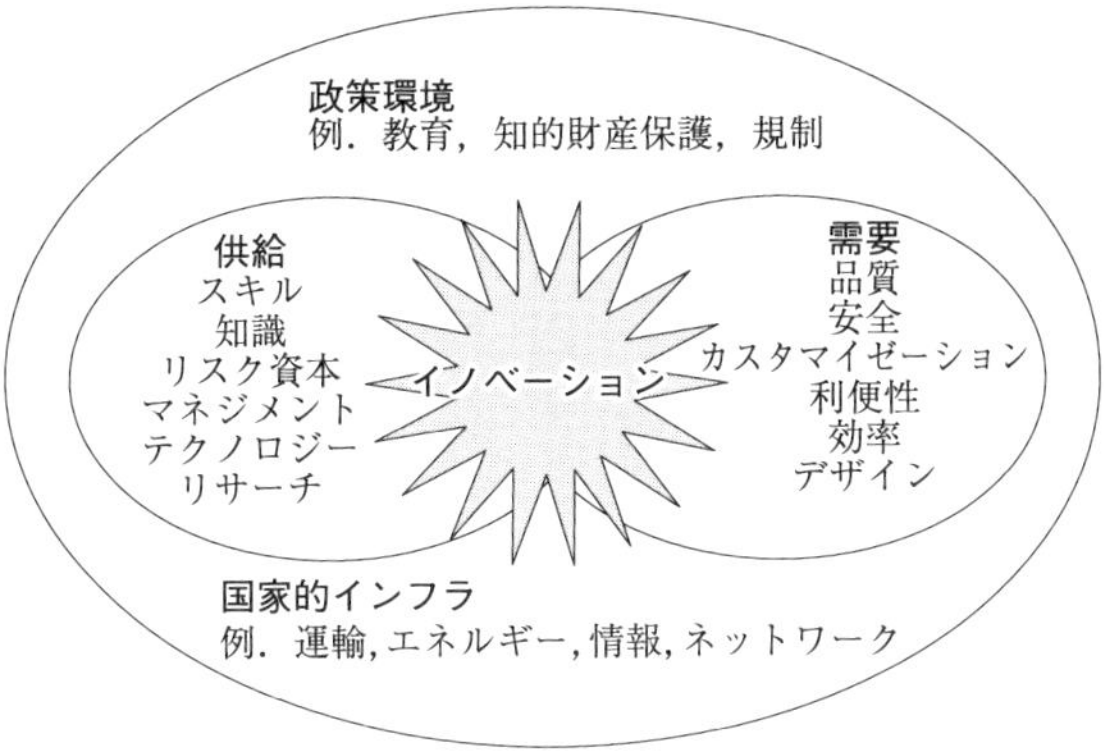

（出所）Council on Competitiveness, *Innovate America: National Innovation Initiative Summit and Report: Thriving in a World of Challenge and Change*, 2005, p.47.

さわしい、と報告書は述べ、**図1-4**に示すような「イノベーション・エコシステム」を提案する。それによると、従来はスキル、知識、リスク資本、マネジメント、テクノロジー、リサーチといった供給面のインプットに関してもっぱら議論されてきたイノベーション問題を、同時に品質、安全、カスタマイゼーション、利便性、効率、デザインといった需要面のアウトプット、さらに各種の外的要因、すなわち、教育、知的財産保護、規制という政策環境や運輸、エネルギー、情報、ネットワークという国家的なインフラの影響をも含めてホリスティック（全体論的）かつダイナミックにとらえていかなければならないというのである。そうすることによって「イノベーション・エコシステム」は価値創造を推進したり、国家的なパフォーマンスを高めることが可能になる。

このような「イノベーション・エコシステム」というかたちでの「イノベート・アメリカ」を推進することによって、アメリカは果たして二一世紀の次の二五年間、成功を持続できるのか。それはアメリカに投げかけられた課題であり、また挑戦でもある。ただこのような教育、次世代のイノベーターの養成、労働者の能力アップから、研究の活性化、起業家精神の高揚、リスクを引き受ける長期投資、イノベーションを通じた成長への国民的コンセンサスの形成、知的財産保護、ものづくりの能力向上、健康増進などに至る国家再生プログラムは、現在のアメリカの社会経済システムを全体として変革していくことにつながるきわめて包括的でドラスティックな改革を構想したものである。その意味では「日本ブランド戦略」とはスケールがまったく異なるといってよい。

しかし、そのスケールの壮大さとはうらはらに、そこでかかげられた目的や実現課題はもっぱらアメリカの国際競争力をどう高めるか、それを通じた政治外交面での国際的なリーダーシップをどう発揮するかということに集約されているように思われる。「日本ブランド戦略」でも取り上げられている魅力ある文化力や国民の能力・個性を発揮しながら、国内外から尊敬や愛情を獲得していくという課題、国を構成する国民や市民の期待にどう応えていくかという問題は真正面からは取り上げられていない。

(2) イギリスの国家再生戦略――「クールブリタニア」

これに対して国や国民・市民がもつべきアイデンティティと内外のイメージ・ギャップを的確にふまえて国家再生を図ろうとしたのが、イギリスにおける国家再生戦略でありアイデンティティ再構築の運動である。それは「クールブリタニア」("Brand-new Britain")と呼ばれる。ここではイギリスのシンクタンクF・P・Cの代表であり、ブレア政権の外交政策をはじめ、国家再生戦略として展開されたクールブリテン運動に対して影響力をもつキーパーソンであるマーク・レナード(Mark Leonard)の見解を中心にみよう[12]。

レナードはなぜイギリスのアイデンティティ刷新運動ともいうべき取り組みを始めたのか。端的に言うとそのきっかけは、クリエイティブ産業の急成長にみられるように、「クールブリタニア」というスローガンのもとで飛躍し、成功しつつある新しい動きと、遅れており、狭量で、尊大なよそよそしいイギリスのイメージとの間に大きなギャップが存在していることに求められる。このギャップを架橋し、イギリスのアイデンティティを再構築することによって強大なパワーを発揮することがその目的にほかならない[13]。

具体的な背景としては、以下の三点があげられる。第一に、イギリスには近年とくに悪いブランド・イメージがつきまとってきている。①イギリスは後進的で、華麗な王室のテーマパークであるとか、起伏のない緑の丘やすきま風の吹く家屋といったイメージがある。②イギリスの工業製品はローテクで価値が低く、そのうちバリュー・フォー・マネーのあるものは五〇％以下ともいわれる。③イギリスの労使関係は未成熟で、ストライキに悩まされ、そのビジネスは自由貿易に適さない。④イギリスの天候は悪く、食べ物は貧弱で、人々はよそよそしいといった古いステレオタイプが蔓延している。

第二は、イギリス国内においてそのアイデンティティが過渡期にあり、揺らいでいることである。①英国人気質がそのアイデンティティと考える人は五〇％にすぎない。②一八～一九世紀に形成された英国人気質の伝統的なストーリー、制度的連続性、優れた産業力、英語と英国文学、プロテスタンティズム、発明、スポーツの栄光は、もはやその輝きを失っている。③制度に対する信頼は地に落ちた。④五％の人々しか経済的成果に誇りをもっていない。⑤イギリスの消費者の二七％しかイギリス製品が優れていると思っていない。⑥英国人気質はイギリスのビジネスの障害になっている。

そして第三に、イギリス国内におけるアイデンティティの欠如が、諸外国に対するイギリスのイメージを効果的に発信していく上で障害になっていることがあげられる。イギリスが一体何を表しているのかについてのコンセンサスがないため、海外にイギリスをプロモーションすることを任せられている外務省や貿易産業省、英国観光協会、英国文化協会といった機関が毎年八億ポンドもの公費を使っても首尾一貫した、先進的なイギリスのイメージを訴求できていない。これらの活動はばらばらで戦略性に欠けているのである。

ここからレナードは、イギリスのそうしたマイナス・イメージを払拭するだけでなく、首尾一貫した、魅力的な国としてのアイデンティティを再構築し、そのことを通じて政治的、経済的、社会的、文化的な価値を高め、国際競争において優位性を獲得しようと考えたのである。「満ち足りた国」となることにより自信をもって外へ目を向け、変化を一つの挑戦と受け取ることができる。

その場合に、彼がアイデンティティを系統的に管理している国としてベンチマークしているのは、オーストラリア、スペイン、チリ、アイルランドなどである。このうちアイルランドは、田舎の、伝統的なカソリックの国であったが、今や革新的な「ケルト人の虎」にイメージを変え、ヨーロッパでもっともエキサイティングな国になった。それらの国々の取り組みを参考にしながら、レナードは二一世紀に向けてイギリスはそれがめざすべき最良のものを反映しなければならないと主張する。そして、①「ハブ」（中枢）としてのイギリス（アイデア、商品、サービス、人々や文化のエクスポーター&インポーター）、②色彩豊かなハイブリッドの国（多様性のなかで繁栄する）、③創造性の伝統と非順応主義（アート、デザイン、建築、音楽、コンピュータゲーム、映画、ファッションなど）、④ビジネスのために開かれた国（イギリスの企業が世界をリードする）、⑤組織の新しいモデルを静かであるが革命的に創造する（組織の絶えざる革新と新たな状況への適応）、⑥フェアプレーとボランタリーの精神（情熱、共感、支援の提供と慈善組織）、をあげた（**図1-5**を参照）。

ここにみられるように、イギリスのこの国家再生戦略としての「クールブリタニア」は、国家イメージ・ギャップの積極的な解消というその目的、再生すべき分野の広がりと改革プロセスの徹底性という点で、アメリカや日本の試みと比べて特筆すべきものがある。

とはいえ、具体的な施策としてあげられている、①空港や駅、ユーロ・トンネル（英仏海峡トンネル）のような入り口のリデザイン、②世界中で最も印象的なウエブサイトの開発、③世界中のイギリスの建物を変えたり、スタンプ、レターヘッドの変更、などは平凡であり、また具体的な成果に乏しいものであった。また国家再生に向けた

図 1-5　イギリスの新しいアイデンティティ

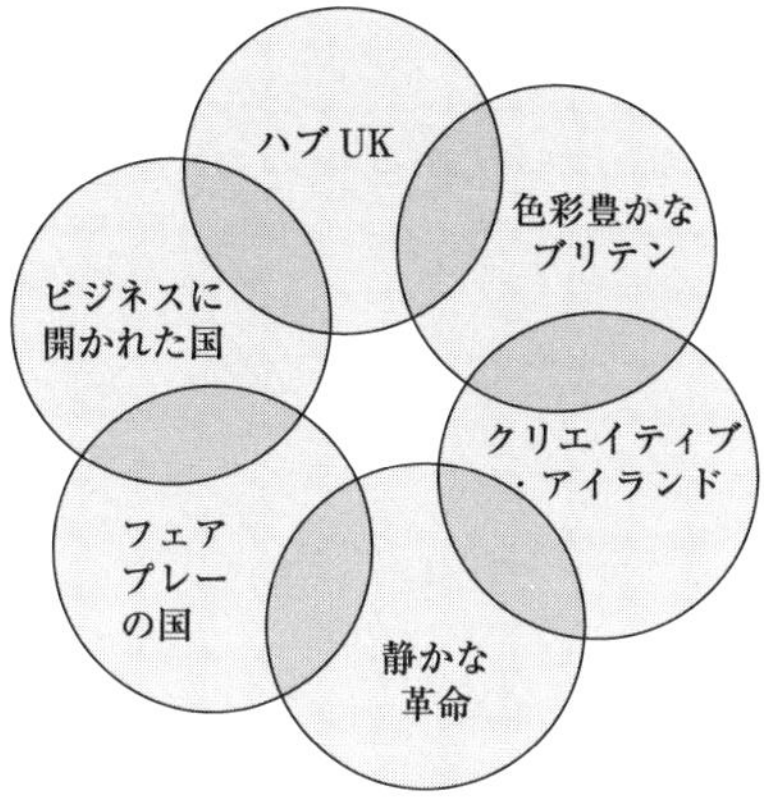

（出所）　Leonard, M, *BritainTM: Renewing Our Identity*, DEMOS, 1997, p.59.

推進機関として設置された "Creative Task Force" と "Panel 2000" であるが、再生運動としてはきわめて広がりに欠ける。前者はブレア首相をはじめ、ポール・スミス（ファッション・デザイナー）、リチャード・ブランソン（バージン・グループ会長）、ピーター・マンデルソン（元ＢＢＣプロデューサー）らが参画し、イギリスの新たなコア・コンピタンスであるクリエイティブ産業の振興について協議し、後者は、西暦二〇〇〇年を目前に控え、新たなイギリスを国内外にアピールする象徴的なプロジェクトとして「ミレニアム・プロジェクト」を構想し、その方向性について議論したといわれる。しかし、広範なイギリスの国民がこの協議にどの程度関わっていたか不明であり、また「クールブリタニア」の運動全体に市民が積極的に加わっていたという事実は必ずしも報告されていない。

注

（1）　総務省ＨＰ（http://www.soumu.go.jp/indexb4.html.）、三位一体改革推進ネットＨＰ（http://www.bunken.nga.gr.jp）を参照。

（2）　総務省合併相談コーナーＨＰ（http://www.soumu.go.jp/gapei/）を参照。

（3）　首相官邸ＨＰ（http://www.kantei.go.jp/jp/kakugiketei/2001/honebuto/0626keizaizaisei-ho.html）を参照。

（4）　青森県『「AOMORI（青森）ブランドの戦略的マネジメント手法の確

立について』（報告書）二〇〇三年。

（5）「千葉ブランド」産地総合支援事業関連ＨＰ（http://www.agri.pref.chiba.jp/nourinsui/07kairyo/PDF/ictag.pdf）および（http://www.agri.pref.chiba.jp/apcenter/awa/shinkou/koubo.htm）を参照。

（6）長崎県ＨＰ、「『ながさき新時代』長崎県長期総合計画」（http://www.pref.nagasaki.jp/new_naga/index.html）、（http://www.pref.nagasaki.jp/new_naga/143/）を参照。

（7）愛知県ＨＰ、「愛知ブランドの構築に向けて」（http://www.pref.aichi.jp/shinsangyo/aichibrand/webpress_aichibrand-press.htm）および愛知県「愛知ブランド検討委員会報告書」を参照。

（8）特許庁ＨＰ、http://www.deux.jpo.go.jp/cgi/search.cgi?query=%92n%88%E6%92c%91%CC%8F%A4%95W%930%98%5E&lang=jp &root=short および http://www1.neweb.ne.jpwabestpatgeographicalmark.htm を参照。

（9）首相官邸ＨＰ、「日本ブランド戦略の推進」（http://www.kantei.go.jp/jp/singi/titeki2/kettei/050923f.pdf）を参照。

（10）同前ＨＰ、（http://www.kantei.go.jp/jp/singi/titeki2/tyousakai/contents/houkoku/050225hontai.pdf）、（http://www.kantei.go.jp/jp/singi/titeki2/tyousakai/contents/houkoku/050225gaiyou.pdf）を参照。

（11）Council on Competitiveness, *Innovate America: National Innovation Initiative Summit and Report: Thriving in a World of Challenge and Change*, 2005.

（12）Leonard, M., *Britain TM : Renewing Our Identity*, DEMOS, 1997.

（13）二〇〇〇年七月二日に慶應義塾大学三田キャンパスで行われた「21世紀のガバナンス」と題するマーク・レナードの講演録（http://www.dot-jp.or.jp/5-kouenroku.html）を参照。

第二章　都市ブランド論の形成と展開

本章では、欧米を中心に発展してきた都市マーケティング論や都市ブランド論の概要と特徴が論じられる。都市や地域、国の競争力はいかに評価したらよいのか。都市再生やイメージの向上はどうすれば実現できるのか。企業の経営手法であるマーケティングやブランドの理論が都市や地域に適用されるようになった経緯も明らかにされる。

1　ポーターとＩＭＤの「国の競争優位」

(1)ポーターが提唱した「国の競争優位」

ポーター（Poter, 1990）によって「国の競争優位」という概念が提示されたが、それはグローバル化した世界において国家レベルで競争優位を構築するためには何をすればよいかを考察するためのものである。その場合、彼がとくに注目したのは特定の産業ないし市場セグメントで企業が競争優位を構築し維持するためには国がいかなるシステムを整備すればよいかという点である。この見地から、①要素条件（労働、土地、天然資源、資本、インフラ、熟練労働者などの生産要素）、②需要条件（消費者や地域のニーズ）、③関連・支援産業（サプライヤー）、④企業の戦略・構造およびライバル間競争、からなるダイヤモンド・フレームワークをあげた(1)（図2－1を参照）。

図 2-1　国の競争優位の決定要因

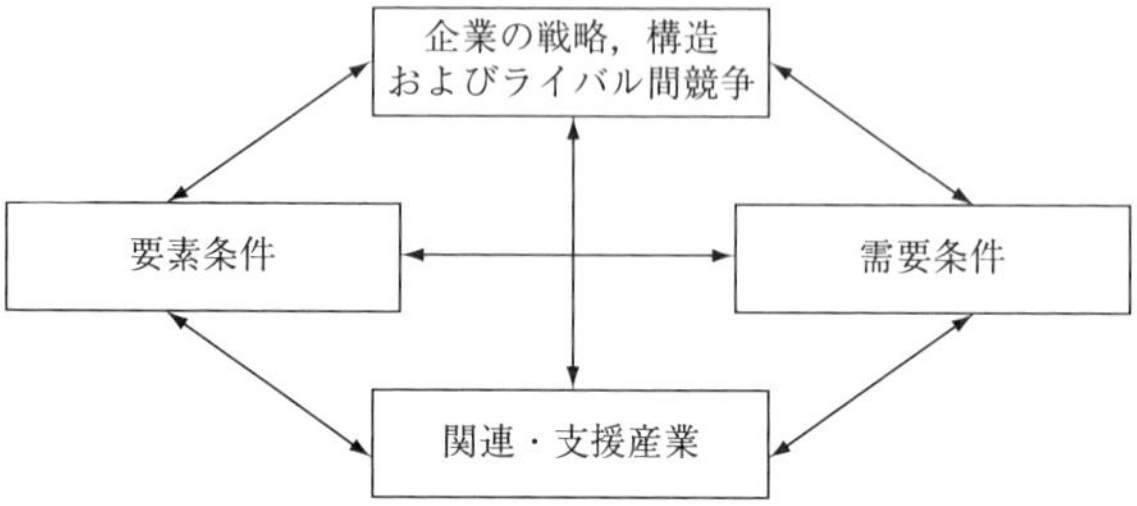

（出所）　Porter, M. E., *The Competitive Advantage of Nations*, Macmilan Business, 1990, p. 72.（土岐坤・中辻萬治・小野寺武夫・戸城富美子訳『国の競争優位』ダイヤモンド社，1992年，106ページ）

ただここでそうした「国の競争優位」について問題とされているのは、あくまで国としての生産性や成長性、生活水準であり、それを支える産業や企業の国際競争力である。この意味では集計水準が国から地方、都市に移行したとしてもそこで問題にされている視点や政策課題は、複雑で多面的なインフラや住民生活そのものを含む都市の総体をカバーするものではない。

（2）IMDの競争力ランキング

それよりも広い視野から国家レベルでの国際競争力を評価・測定しようとしているのが、スイスのローザンヌにあるビジネススクール、IMDの国際競争力センターである[2]。IMDによる国・地域別の競争力ランキングは一九八九年から毎年公表されているものであるが、世界の六〇にわたる国や地域の競争力を三一四に及ぶ定量・定性両面での評価基準にもとづいて作成されるランキングである。二〇〇五年版では第一位がアメリカ、第二位が香港となっており、以下、第一〇位までみると、シンガポール、アイスランド、カナダ、フィンランド、デンマーク、スイス、オーストラリア、ルクセンブルグと続く。ちなみに日本は二一位、イギリスは二二位、ドイツが二三位などとなっている。このレポートのなかでは、アジア、アメリカ、ヨーロッパの間で成長率に格差が生じ、経済的、政治的な緊張をもたらしていること、アメリカの慢性的な財政赤字の結果、ドルが弱くなり、ドル、ユーロ、円の三大通貨圏へシフトしたこと、アジアの原材料、アメリカ資本への期待の高まりが商品価格や通貨を押し上げたり、法人税が国際競争力の重要な武器になること、などが指摘されている。そして、二〇〇四年は全体としてリスク水準や不均衡の増大が進んだと結論づけた。

ここで問題になるのは、IMDがどのような指標でこうしたランキングを行っているかである。国際競争力センターによれば、それは、①経済成果（国内経済、国際貿易、国際投資、雇用、物価）、②ガバナンス能力（財政、金融政策、制度枠組み、企業法、社会枠組み）、③ビジネス能力（生産性、労働市場、財務、経営実践、態度や価値）、④インフラ（基本的インフラ、技術インフラ、科学インフラ、保健・環境、教育）、の四次元からなっている。そしてこのなかには、社会的団結力、海外からのイメージ、民族文化、柔軟性や適応能力、社会価値、企業価値などの指標が含まれている。その意味で国レベルではあるが、文化や公正、ジェンダー、生活の質など社会生活のさまざまな分野が網羅されており、先のポーターの「国の競争優位」よりもはるかに多面的な角度から国や都市がかかえる強みや弱み、解決すべき課題を取り上げる枠組みとなっている。

しかし、民族文化や国民の生活の質など都市の活性化につながる項目は、提携している各国のリサーチ会社の提供するサーベイ（定性）データを参考にしながら評価されているが、詳細は明確にされていない。政治的安定性、企業の適応能力や社会的責任なども同様である。またこの点はポーターの議論にも共通するが、やはり調査目的は国や企業レベルの国際競争力をどう構築し、維持するかにおかれており、一定の地域や空間単位でまとまった住民や市民のガバナンス組織である国や都市そのもののトータルな現状把握は志向されていない。このことはポーターとIMDの理論枠組みがかかえる共通の制約である。

コラム

都市ブランドの世界ランキング

イギリスのブランドコンサルティング企業であるインターブランド社は、毎年、世界のトップ企業のブランド価値ランキングを発表してきた。二〇〇五年版によると、第一位はコカ・コーラ、第二位はマイクロソフト、第三位はＩＢＭ、第四位はＧＥ、第五位はインテルとなっている。ちなみに日本企業は上位百社に七社しか入っておらず、トヨタの第九位が最高である（『ビジネス・ウイーク』誌、二〇〇五年八月一日号）。

国別にみると、上位五社の本社所在地はすべてアメリカとなっている。百社全体ではアメリカが五三社、ドイツが九社、フランスが八社、日本が七社、スイスが五社、イギリスが四社など日米欧の先進諸国が並んでいる。アメリカをはじめとするこれら各国の経済力、したがって政治外交力の面での優位性が示されている。

ところが、都市に目を向けてみると様相が異なる。一九九九年に設立されたＳ・アンホルト率いるＧＭＩは同じように全世界の都市についてそのブランド価値ランキングを発表している。そこでは世界中の都市について、①存在感（国際的な地位や評判）、②空間（美しさ、雰囲気、その他の物理的な属性）、③ポテンシャル（経済面や教育面の機会）、④躍動感（都会としてのアピール度やライフスタイル）、⑤人々（親密感、開放感、文化的多様性や安全性）、⑥前提条件（ホテル、学校、公共交通、スポーツなどのインフラの質）、という六つの指標でブランド価値の格付けを行い、上位三〇都市をあげた（ＧＭＩのＨＰを参照）。

二〇〇五年一二月に発表されたレポートによると、第一位はロンドン、第二位はパリ、第三位はシドニー、第四位はローマ、第五位はバルセロナとなっている。以下、ニューヨーク、ロサンゼルス、マドリード、ベルリン、サンフランシスコ、トロント、ジェノヴァ、ワシントン、ブリュッセルなどと世界の主要都市が続く。約半数は首都であるが、バルセロナ、ニューヨーク、ロサンゼルス、サンフランシスコ、ミラノ、香港など第二、第三の都市も入っている。

これに対して、日本では東京が一九位にランクインしているにすぎない。文化・科学分野での世界への貢献度で四位、公共施設の全体水準で七位にランクされる一方、知名度で一二位、安全面で一四位、自然環境（環境汚染を含む）で二〇位、外見の魅力で二三位と、総合で一九位に終わっている。また大阪や名古屋は入っておらず、人口や経済力などの面での存在感に比べると都市の魅力やステータスを示す国際的なブランド評価は低いといえる。

経済的な価値を中心とする企業ブランドの価値と文化や歴史、伝統、環境や生活インフラなども含む国や都市のブランド価値とは同じレベルで比較できないことをこの二つのブランドランキングは示している。

2 "Place Marketing"（都市マーケティング）の展開

（1）都市のプロモーションやマーケティング

前章で紹介した「クールブリタニア」（"Brand-new Britain"）という国家全体の活性化と同様の動きはこれまでも都市の活性化というかたちですでに展開されていた。一九七〇年代に衰退していたセントルイスは、古いオフィスビルが改装され、空き家も改修され、ダウンタウンは改造されて活力を取り戻した。歴史的文化や壮麗な建築物は保存され、「ルネッサンス都市」の奇跡と言われている。(3) また二一％以上の失業率、高い犯罪発生率、石炭の煤で真っ黒になった建物、砂埃の舞う製造業の街であったスコットランドのグラスゴーは、グラスゴー（バレル）美術館の修理を契機に住宅の補修や公共施設の改築などを通じてエキサイティングなヨーロッパの芸術の都に変わった。(4)

こうした取り組みにみられるように、衰退ないし低迷した都市を再活性化する際に有効な手法の一つとして欧米で早くから注目されてきたのが、都市の開発や売り込みを中心とするプロモーション戦略にほかならない。たとえば、アシュワース&ブゥーグト（Ashwarth and Voogd, 1990）では、都市のキャンペーンを上手に展開することによってもたらされるその肯定的なイメージが財務上の価値を持つことを示した。(5)

またウォード（Ward, 1998）も同様である。都市イメージはビジター、投資家だけでなく、住民にとってさえ現実の姿よりもより大きな役割を果たす。そこでは高圧的マーケティングや販売技術が観光、文化、再投資の分野で問題に直面している都市を救済する。リゾート、居住エリア、文化やビジネスの中心地として魅力的なロケーションであると売り込むことがそこでの主要な関心事となった。一九九六年のアトランタ、二〇〇〇年のシドニーでのオリンピックが好例である。これは、基本的に都市の魅力を対外的に売り込むというスタンスである。[6] それに対して都市活性化に向けたより包括的なかたちで展開される活動に関する理論的な枠組みとして重視されるようになったのが、都市マーケティング論である。当初は都市をめぐる困難を解決する追加的な手段として考えられていたが、次第に都市マネジメントの哲学とさえみなされるようになった。あるいはそれは都市ガバナンスの起業家的モデルを特徴づけるもののひとつにもなった。これは地方行政が従来の伝統的なやり方と決別し、リスクを取ったり、発明、プロモーション、利潤動機といったビジネスに固有な特徴をもつようになったことと対応している。マーケティングの都市マネジメントへの適用は、①非営利組織のマーケティング、②ソーシャル・マーケティング、③イメージ・マーケティング、という三つの枠組みに基づいている。

地理マーケティング・ミックスは、①プロモーション尺度、②空間——機能尺度、③組織尺度、④ 財政尺度の四つの手段の組み合わせで決まるという考え方もある。[7]

（2）コトラーらの理論

比較的まとまったかたちで都市マーケティングの考え方を早くから提唱したのは、コトラー、ハイダー、レイン（Kotler, Haider, and Rein, 1993）である。そこでは、都市は財政破綻、貿易赤字、累積債務、インフレ、失業、通貨危機、地場産業の落ち込みといった経済問題だけでなく、文化、歴史遺産、資産、教育、休暇など多くの問題に直面しているが、そうした課題は戦略的マーケティング計画のなかに取り組むことによって都市を再活性化し、衰退から甦ることができると主張した。[8]

都市とりわけその経済状況に問題をもたらす外部要因としてコトラーらは、①急速な技術変化、②国際競争、③政治的なパワーシフト、の三つをあげた。[9] なかでも国際競争という観点からいえば、都市は雇用、所得、貿易、投資の増大や成長をめざして企業、工場、本社機能、観光客やコンベンション、スポーツチームなどを誘致するのに躍起になっている。もはや都市は単なるビジネス活動を行う場ではなく、商品やサービスの売り手であり、製品や都市の価値を積極的に売り込む場である。都市はそのアイデンティティや価値がデザインされ、市場に提供される一種の製品である。[10]

そして、都市マーケティングの中核となる活動として以下の四つをあげた。[11]

①コミュニティの特色やサービスの適切な組み合わせをデザインする。

②都市の製品やサービスを現在及び将来購入したり使用する人たちに対して魅力的なインセンティブを提供する。

③都市の製品やサービスを効率的かつ入手可能なやり方で提供する。

④将来の利用者向けに他にはない優位性を十分知ってもらうために、その都市の価値やイメージをプロモーションする。

このような活動からなる都市マーケティングは**図2-2**に示すように、三つのレベルからなる。第一は、計画立案グループで、市民、自治体、経済界からなる。ここでは、①コミュニティの状況や主たる問題を明らかにしたり、診断すること、②コミュニティの価値、資源、機会の現実的な評価に基づいてその問題解決のための長期的なビジョンを描くこと、③投資や変革に向けた中期的な到達目標をふまえた長期的なアクションプランを作ることが求められる。

第二は、長期的な問題解決をもたらす四つのマーケティング要素、すなわち、①住民やビジネス、来訪者を満足させるために提供される基本的なサービスやインフラ、②現在のビジネスや住民を維持するだけでなく、新規の投資、ビジネス、人々を吸引できる生活の質や魅力、③改善された都市の特色や生活の質を伝えるための積極的なイメージ形成やコミュニケーションプログラム、④新規の企業や投資、来訪者を呼び寄せることに都市全体が友好的

図 2-2　都市マーケティングの階層構造

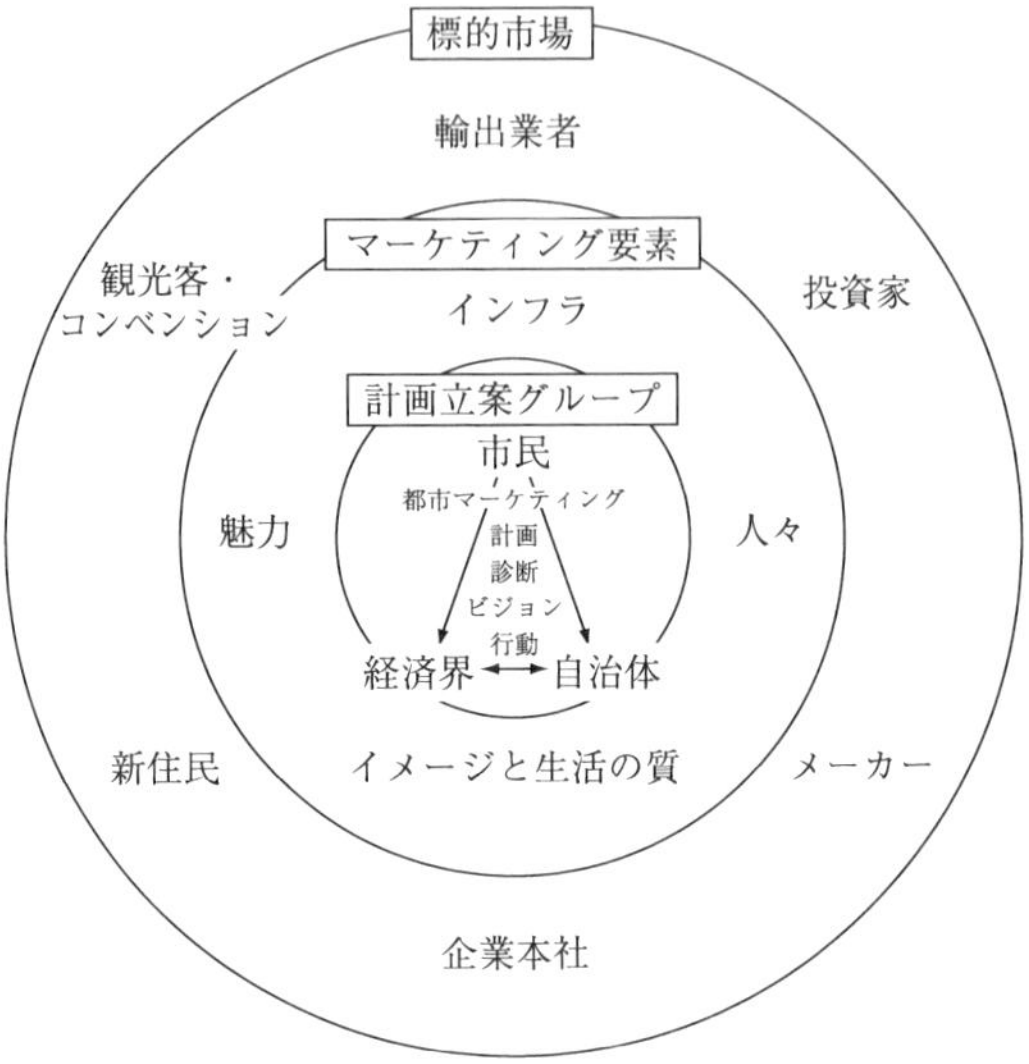

(出所)　Kotler, P., D. H. Haider, and I Rein, *Marketing Place*, Free Press, 1993, p. 15.（井関利明監訳『地域のマーケティング』東洋経済新報社，1996年，19ページ）

で熱心になるために住民、リーダー、各機関が協力すること、が含まれる。

そして第三に、こうしたマーケティングの四要素が都市のターゲットである、①製品やサービスの生産者、②企業の本社や支店、③対外投資や輸出、④観光客やホスピタリティビジネス、⑤新住民など、を魅了し、満足させることによって都市の成功をもたらす。その際、注目されるのは、官民のコラボレーション、すなわち、行政、ビジネス企業、ボランティアや市民団体、そしてマーケティング機関の間のチームワークがとりわけ重要であると指摘していることである。純粋なビジネスや製品のマーケティングとは異なり、都市のマーケティングには官民両機関や利害集団、住民の積極的な支援が必要である、とコトラーたちは強調する。

以上が、都市マーケティングの基本的なフレームワークである。それは基本的にはビジネス世界における製品やサービスの販売を通じた顧客満足を主内容とするマーケティングのスキームを都市、言いかえると空間および機能という二面性を有する生活・経済・社会・文化の場に適用しようというものであった。同時に、そこには都市のもつ固有の特徴があることに留意しなければならない。すなわち、第一に、都市のマーケティングには経済だけでなく法律や政治、文化や社会、歴史といった複雑多岐にわたる次元が錯綜しており、これを的確にマネジメントしなければならないこと、第二に、都市マーケティングはさまざまなステークホルダーとの関係のなかで成立し、その関係性をマネジメントすることが必要であるが、究極的には都市人口を構成する多様な住民の意思やスキル、エネルギー、価値観、組織によって都市の可能性が左右されること、が重要である。先のセントルイスやグラスゴーの都市再生は都市マーケティングの手法を実践することではじめて可能になったと考えられよう。

3　"Place Branding"（都市ブランディング）の試み

(1) 都市ブランディングとは

この都市マーケティングという考え方からさらに進んで、都市や国家にブランディングという枠組みが持ち込まれるようになった。それは、"Destination Branding" あるいは "Place Branding" と呼ばれる、国家、地方、市町村などを全体として含む都市のブランディングであり、先の「クールブリタニア」はこの意味での都市マーケティングの試みの一環といってよい。

まずなぜブランディングなのか。アメリカ・マーケティング協会によれば、ブランドは「ある売り手や売り手グループの財やサービスを識別したり、競争相手のそれと差別化したりするためのネーム、用語、サイン、シンボル、それらの組み合わせ」である。ここではブランドを「識別したり差別化するための一定のまとまりと意味を持つ記号情報」と定義しよう。重要なことは、そうした単なる記号や情報でしかないブランドが製品・サービスや企業以上の意味をもつ点である。すなわち、安心、信頼、バリュー、感動を表したり、夢ないし期待と約束のネクサスになるのである。言い換えると、コトラー（Kotler, 2004）でも、ブランドは固有のイメージをもち、それは消費者の情報処理と学習を迅速化するだけでなく、ユーザーに社会的・情緒的な価値や信念を提供することができる、(13)と指摘されている。

同様に、国、市、地域なども一定のイメージをもち、製品・サービスの評価や購買、投資、居住変更、旅行などに関する人々の意思決定に影響を及ぼす。国や都市に関して抱く消費者の知覚は、その国や都市でつくられた工業製品、そこで生まれたり行われたスポーツやイベント、そこに固有の政治体制や文化・芸術などをみるとき、また観光などで訪問したり移住するかどうか、投資を行うかどうかを意思決定するに際して重要なインパクトをもつ。国や都市のイメージはそれらに対する世界の評価や接し方を決定するのである。(14)

反対に、国家や都市のイメージはそれを構成するブランド要素によって形成される。例えば、地理、歴史、宣言・公告、芸術、音楽、著名人などがある。また香水、エレクトロニクス、精密機器、ワイン、自動車、ソフトウエアのような工業製品によっても肯定的なイメージが形成され、反対に伝染病の感染、政治的混乱、市民権の侵害、環境破壊、民族紛争、経済的混乱、貧困、暴力犯罪のような社会的病理によって否定的な都市イメージが特徴づけられることもある。そしてこのようにして形成された国家に関連した消費者のブランド連想からもたらされる情緒的価値は「国家エクイティ（country equity）」という概念に集約される。(15)

（2）都市ブランディングの目的と活動

さて“Place Branding”（都市ブランディング）の目的は、国家、地方、市町村などの価値を創造し、それを内外にアピールすることを通じて対内的信用と各種の対外的成果を得ることにある。具体的には、当該国や地域の技

図 2-3　都市ブランディングのヘキサゴン

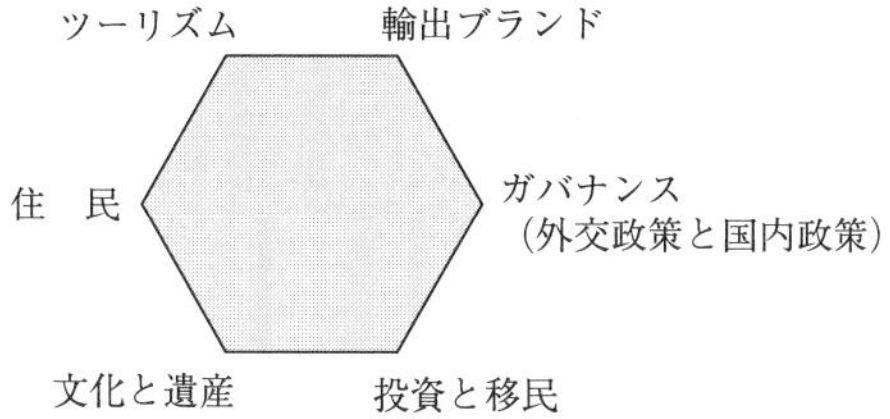

（出所）　Anholt, S., "Branding Places and Nations," Clifton, A. and J. Simons, ed., *Brand and Branding*, Bloomberg Press, 2003, p. 215.

術・産業上の成果、新鋭工場の建設、有利な関税、熟練した労働力などを賞賛し、そうしたブランド構築によってグローバル市場での競争に対応しようというものであった。そのために、投資家や観光客にとって新しく魅力的なキャンペーン、メジャーで国際的なスポーツイベントの招致などが推進されてきたのである。これはエンターテインメント産業やメディアが人々の知覚形成に決定的な影響を及ぼすのではないかという認識に基づいている。そこには国家や地方、市町村のための最も現実的で、競争に耐えうる、また賞賛されるべき戦略ビジョンを策定する計画が重要な構成要素として含まれる。

　同時に、都市のブランド戦略におけるそうしたビジョンは実行され、またコミュニケーションされなければならない。都市のビジョンは他の都市や国、地域とのコミュニケーション活動によって支援され、強化され、また豊かにされるのである(16)。

　都市のブランディングは具体的にはどのように進められるのか。コミュニケーションに関連していうと、テレビや屋外広告、雑誌、ＰＲ記事、ＷＥＢサイトなどを使ったツーリズムキャンペーン、企業誘致や外資の積極的な受け入れに向けたエキシビジョンなどがよく知られている。そこでは、当該国や地域の技術・産業上の成果、新鋭工場の建設、有利な関税、熟練した労働力などがＰＲされる。担当部署も投資促進機関、観光部局、貿易部局のような機関がしばしばあげられよう。

　しかし、都市ブランドのコミュニケーション活動はさらに多岐にわたっている。アンホルト（Anholt, 2002）によれば、①輸出品ブランド、②貿易、観光、投資受け入れ、労働力のリクルート、③国内政策や外交政策、④文化、⑤市民の行動、⑥来訪者に与える自然環境や人工環境、⑦メディア上の特徴、⑧団体や機関、⑨関連諸国、⑩スポーツやエンターテインメント、⑪世界各国との取引、が含まれる。そしてこれらを**図2-3**のようにコミュニケーションの六つの基本的カテゴリーにまとめている。[17]

4　都市ブランド論の展開

（1）都市マーケティングへの期待

過去二五年間、都市のマーケティングやプロモーションが世界的規模で大々的に展開されてきたといわれる。[18]町や市、地域、国を問わず、それらは都市の競争優位を主張しながら売り込み活動を盛んに行ってきた。あまり魅力のないと思われる都市も必死に観光客を誘致しようと躍起になっている。また昔ながらのリゾート都市は、工場や造船所などへの依存をあきらめ、文化遺産とレジャーの都市に生まれ変わろうとしている古い工業都市と競争するようになった。世界の主要都市は、ヨーロッパのような「文化都市」あるいはオリンピックのような一大スペクタクルを催す「世界都市」を目指して互いにしのぎを削ってきている。

とくに欧米では比較的早くから都市政策（urban policy）の一環として都市マネジメントや都市の競争力の向上をどのようにすれば実現できるか、そのためのマーケティングやプロモーション、キャンペーンをいかに展開するかという議論が多くなされてきた。都市もパッケージ化され、商品と同じように販売されるという考え方にそれは典型的に示されている。[19]

(2) 都市マーケティングから都市ブランディングへ

先にもみたように、この場合、マーケティングをどうとらえるかが問題となる。そこではマーケティングは、単なる競争優位を目指したビジネス上の経営手法ではない。アシュワース&ブーグト(Ashworth and Voogd, 1990)では、都市マーケティングに固有の困難として二点をあげる。第一に、所有権の移転がなく、したがって排他的に使用権が発生しないという「製品」特性や「使用」特性があること、第二に、マーケティングの目的が異なることである。そうした点をふまえるなら、都市マーケティングに適用できるのは、伝統的でマネジリアルなマーケティングではない。それが可能となるのは、①より広く、長期的な目標を特徴とする非営利組織のマーケティング、②より長期的に消費者の態度や社会の福祉を向上させることを目的とするソーシャル・マーケティング、③選ばれた聴衆がとらえどころがなく、複雑で、漠然と定義された「製品」に対してとる行動パターンを操作するイメージ・マーケティングである、と都市マーケティングの新しい理論スキームの必要性を説く[20]。

これらの特徴ないし課題を兼ねそなえた理論スキームが実は都市ブランド論なのである。その意味では都市マーケティング論が都市ブランド論へと移行していくのはいわば必然的な動きであったと言ってよい。クランツ&シェッツル(Krantz and Schäzl, 1997)によって都市マーケティングが解決すべき問題としてあげられている[21]、税金と公的サービスとの間の交換過程における、満足感、相互作用、主権の実現、さらに言えば価値の交換(バリュー・エクスチェンジ)はまさにブランドのコミュニケーションを通じて達成されるのである。

注

(1) Porter, M. E., *The Competitive Advantage of Nations*, Macmillan Business, 1990.(土岐坤・中辻萬治・小野寺武夫・戸成富美子訳『国の競争優位』ダイヤモンド社、一九九二年)

（２）　ＩＭＤ国際競争力センターＨＰ（http://www02.imd.ch/wcc）参照。
（３）　Kotler, P., D. H. Haider, and I. Rein, *Marketing Places*, Free Press, 1993, p.3.（井関利明監訳、前田正子・千野博・井関俊幸訳『地域のマーケティング』東洋経済新報社、一九九六年、三ページ）
（４）　*Idid*., p.4,160.（邦訳四、一七五ページ）
（５）　Ashworth, G. J. and H. Voogd, *Selling the City*: *Marketing Approaches in Public Sector Urban Planning*, John Wiley & Sons Ltd., 1990.
（６）　Ward, S. V., *Selling Places: The Marketing and Promotion of Towns and Cities, 1850-2000*, Routledge, 1998.
（７）　Ashworth, and Voogd, *op. cit.*
（８）　Kotler, Haider, and. Rein, *op. cit.*, p.2.（邦訳、二ページ）
（９）　*Ibid*., pp. 8-14.（邦訳九～一四ページ）
（10）　*Ibid*., p. 10.（邦訳一〇ページ）
（11）　*Ibid*., p. 18.（邦訳一八ページ）
（12）　*Ibid*., pp. 18-20.（邦訳一八～二〇ページ）
（13）　Kotler, P., "Coutry as Brand, Product and beyond: A Place Marketing and Brand Management Perspective," N. Morgan, A. Pritchard, and R. Pride, ed., *Destination Branding: Creating the Unique Destination Proposition,* 2nd ed., Butterworth-Heinemann, 2004, pp. 40-56.
（14）　Anholt, S., *Brand New Justice*, Butterworth-Heinemann, 2002, p.105.
（15）　Shimp, T. and S. Saeed, "Countries and their Products: A Cognitive Structure Perspective", *Journal of the Academy of Marketing Science*,Vol.21, 1993, pp.323-330.
（16）　Anholt, S., *op. cit*,. p.105.
（17）　Anholt., "Branding Places and Nations," Clifton, A. and J. Simmons, ed., *Brands and Branding*, Bloomberg Press, 2003, p. 215.
（18）　Ward, *op. cit*,. p.1.
（19）　Krantz, M. and L. Schätzl, "Marketing the City", Jenzen-Butler, C., A. Sachar, J. van Weesep ed., *European Cities in Competition*, Ashgate Publishing Ltd., 1997, pp. 468-493.
（20）　Ashworth, and Voogd, *op.cit*., pp.17-20.
（21）　Krantz, and Schätzl, *op.cit*., pp.469-472.

第三章　〝ブランド創造都市〟の理論スキーム

中央政府と世界都市が市民の生活世界をリードしてきた二〇世紀に対して、二一世紀は地方自治体や地域が大きな役割を果たす。分権、自治、協同に基づく地域や都市のあり方が問われるようになっているのである。そうしたなかで新たな挑戦の試みとしてクローズアップされてきたブランディングを通じた都市再生の意味を考察し、〝ブランド創造都市〟の理論スキームを提示する。マーケティングやブランドの理論をふまえて、地域資源と価値を創造するネットワーク型リージョナリズムの一大ムーブメントとして新たな都市像を構想する。大阪ブランド戦略の意義と役割もこれをふまえて規定される。

1　〝ブランド創造都市〟——地域資源とバリューのネットワーク

（1）都市とは何か

前章では企業の経営戦略の一大手法であるマーケティングやブランドの理論が地域や都市にどのように適用されてきたか欧米の議論を中心に見てきた。そこでは都市における価値の交換（バリュー・エクスチェンジ）がブランドのコミュニケーションを通じて達成されることが強調されていた。都市のブランディングを考えようとした場合、

コラム

マンフォードとランドリーの都市論

都市をどうとらえるかについては、欧米や日本でさまざまな議論がこれまでなされてきた。なかでもL・マンフォード（Lewis Mumford, 1895〜1990）とC・ランドリー（Charles Laundry, 1959〜）の二人に注目したい。

マンフォードは、アメリカのニューヨーク州生まれで、コロンビア大学やニューヨーク市立大学で都市計画やコミュニティについて学んだ。そして一九二三年頃にはアメリカ地方計画委員会を設立した。機械、都市、建物、社会生活、人間などについての考えをまとめて、『技術と文明』（一九三四年）や『都市の文化』（一九三八年）といった書物が刊行された。その後、スタンフォード大学やペンシルバニア大学の教授などをつとめ、人文学や都市計画を教えた。マンフォード自身は自らを「社会哲学者」と呼んだということである（関裕三郎訳『ユートピアの系譜』新泉社、二〇〇〇年の解説に基づく）。

『都市の文化』の序節で、マンフォードは次のように語っている。

「歴史をみると分かるように、都市とは、コミュニティの権力と文化が最大限集中するところである。それは生活のもろもろの発散傾向をもつ光線が、社会的な有効性と重要性を与えながら集約される場である。都市は総合化された社会的関係の形式や象徴でもあり、寺院、マーケット、裁判所、学校が置かれる所在地である。このような都市では、文明の財産が幾層倍にも増え、また多様化する。ここは人間の体験が成長のしるし、シンボル、行動パターン、秩序体系へと変換される場である。ここはまた儀式が時にふれ折にふれ十分に差別化され、自意識の強い社会の活動的なドラマへと移る場でもあるのだ。」（*The Culture of Cities*, p.3, 生田勉訳『都市の文化』三ページ）

都市は人間の社会的なニーズを満たすために発生し、そこには自然の恵み、労働の成果、経済的目標、さらに文化や社会生活のエッセンスが詰まっている。

しかし、都市は単なる器や空間ではない。都市が都市たる所以は、それを構成する構成員の交流とコラボレーションによって新たな可能性がもたらされることにある。また都市は人間が自らの人間性を開花させ、自己を表現する様式や方法を何倍にも増やす場にほかならない。このようにマンフォードの都市論は、きわめてヒューマンな存在としての都市をとらえたものといってよい。

一方イギリスの都市計画家であり、シンクタンク「コメディア」の代表でもあるC・ランドリーは、「創造都市（Creative City）」という概念を提唱した。成功している都市は、ある共通な要素をもっているとして、想像力のある個人、創造的な組織、明瞭な目的を共有する政治的文化をあげている（*Creative City: A Toolkit for Urban Innovators*, Earthscan Publications Ltd.,2000, p.3. 後藤和子監訳『創造的都市――都市再生のための道具箱』日本評論社、二〇〇三年、三ページ）。この「創造都市」はまさにマンフォードが描いた都市の姿そのものである。

そもそも都市とは何か、都市はどのようなものとして形成されたのか、言い換えると都市のアイデンティティとそれを構成する要素やエッセンスが問題となる。

ただ「都市とは何か」という問いに答えることは容易ではない。ウェーバー(Weber, 1956)は、都市の形態に注目した定義として、①防御施設、②市場、③裁判所、④団体、⑤自律性と自主性、を列挙したのは有名である。(1) ただこれは、住居、建物、道路、下水道、空地、緑地、公園、学校、病院、市役所など都市のかたちや物理的な構成要素に注目して都市をとらえようという考え方である。しかし、それらは都市の要件をあげてはいるが、都市そのものの本質をあらわしてはいない。(2)

これに対して都市文明批評家であるマンフォードは、「都市とは何か。それはどのようにして生まれ、これから先どうなるのか。都市のあらゆる発現形態にただ一つの定義を当てはめることはできない」と述べる一方で、『都市の文化』では「完全な意味における都市とは、地理的網細工、経済的組織体、制度的過程、社会活動の劇場、集合的統一体の美的象徴である」と定義した。都市の要件である工場、市場、通信交通などの物理的環境は、都市の社会的必要に従属すべきである。都市は、一方で、「家庭的・経済的活動の物理的枠組み」であり、他方で、「人間文化の意味ある活動と昇華された衝動の意識的な舞台装置」であるという。(3) もっと言えば、都市は、芸術や劇場そのもの、人間の目的的活動そのものが実現される場にほかならないのである。(4)

(2) 〝ブランド創造都市〟の構造

そうした観点から再びレナードが提唱した「クールブリタニア」("Brand-new Britain")という都市ブランド戦略を見ると、注目すべき点がある。それは単なる国や都市のイメージの向上を図ろうというのではなく、あるべき自己像としてのアイデンティティを構築しようとしていることである。国や都市のブランディングは製品やサービスのブランディングやプロモーションとは異なる。そしてこの相違は国や都市のもつ独立したアイデンティティに起因する。その出発点においてイギリスのアイデンティティ刷新運動は単なる旗やロゴ、セレモニーを超えるものであり、むしろ優先すべきことは、共有できるエートス（精神）やストーリー、さらにビジョン、夢、価値観を定義することである、とレナードは強調している。そして三層の同心円からなるアイデンティティを提起した。アイデンティティは、スタッフ・住民、投資家・ステークホルダー、そして顧客の三者の間に存在し、この三者に働きかけたり、相互の間のインタラクションによって影響を受ける。アイデンティティ構造の中心にある一番大事な要素がエートスである。そして次に来る同心円は、そのアイデンティティを形づくる構造あるいは制度である。そして一番外側には、広告、関税など外国と接する際に送り出されるメッセージがある。こうした同心円を通じて、クリエーティビィティ、熱意、パッション、グローバルといった国のブランド・イメージがつくりあげられていくというのである。(5)

さて、都市ブランドとは何か。それはどのような構造をなしているのか。野崎（二〇〇六）らが指摘するように、都市の客観的な評価軸として、しばしば、①経済的富裕度（預貯金額・年間小売販売額・労働力人口比率・製造品出荷額）、②成長度ないし各種経済的活力（求人倍率・拠点性の向上・都市財政の健全度（財政力指数）・生活保護率・小売業販売額増加率・工業製品出荷額等の増加率）、③社会的活力（人口増減率・子供比率・生産年齢人口比率・高齢者比率・防災度・安全度）、④暮らしやすさ（各種行政サービス充実度・利便性・通勤時間・文化度・娯楽度・医師数）、⑤都市革新度（情報公開など行政革新度）・リーダーシップ・市民参加度（投票率）などが列挙できる。(6)

しかし、そうした客観的な都市機能を示す指標はあくまで都市評価の対象軸であって、評価そのものではない。評価はあくまで都市に関与する当事者が行うものであり、あくまで主観的で相対的な存在である。それでは当事者とは誰か。それは都市や地域を構成する市民・ＮＰＯ・行政当局、企業・投資家、観光客・来訪者・移住者といったステークホルダー（利害関係者）である。都市はこれらのステークホルダーだけでなく、自然や景観、農林水産品や水資源など各種の天然資源や一次産品など都市をとりまく外部環境に対して何らかのバリュー（価値）を提供している。他方、都市内外の個人や企業をはじめとする都市をとりまくすべての要因をある種の地域資源とみなすと、これらの地域資源は都市や地域の存続と発展にとって有益なバリューを育む。したがって、都市や地域をマネジメントするということは、ステークホルダー相互間やステークホルダーと地域資源との間の価値の交換（バリュー・エクスチェンジ）を効果的・効率的に実現していくことであるといってよい。

その意味で都市はステークホルダーのために真のマーケットバリューが創造される空間であり、地域資源とバリューのネットワークとしてとらえることができよう。そしてこのネットワークにおいてネクサスないし結節点としての役割を果たすとともに、そのことを通じて都市に関与するステークホルダーが都市を全体的にまた個別的に評価する際のベンチマークとなり、さらに都市評価の内容と水準そのものを表現するのが、ブランドにほかならない。端的に言うと都市ブランドは都市に関与するステークホルダー間の絆やリレーションシップのあり方を集約的に表現するシンボルである。その意味で、都市ブランドはステークホルダーの究極のマネジメント目標であると同時に、また都市ブランドにおいて構築されるこのバリュースペースは同時に、持続的な競争優位をめぐって展開される都市間および地域間のグローバルないしローカルな競争空間ともなる。

それは**図3-1**に示すように、抽象的なブランド価値から具体的な都市ブランド属性に至る三層の構造からなる。まずブランド・エッセンスとしてバリュー・スピリッツがある。これは都市ブランドの中核をなす価値やエートス（精神）をあらわすものであり、ブランドのアイデンティティや方向性を根底において規定するとともに、都市ブランドの構築を推進する原動力にもなる。

第二の層は、ブランド・アイデンティティである。ここには都市ブランドの展開方向である五つのパーソナリテ

図 3-1　都市のブランド創造…ブランド資源のネットワーク

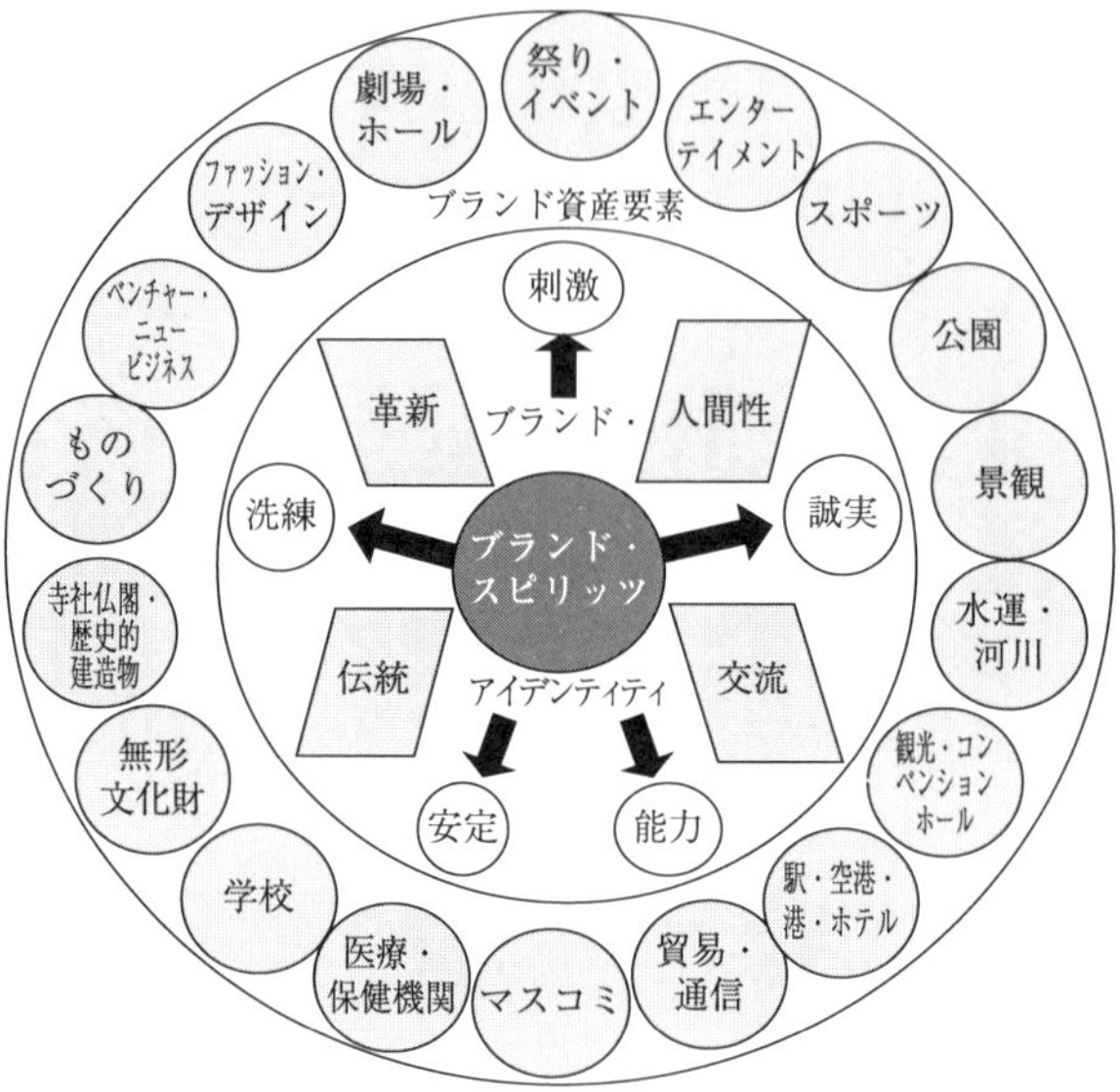

（出所）筆者作成。

ィ因子、①刺激因子（おしゃべり、自由、ほがらか、元気）、②能力因子（責任感、決断力、忍耐力）、③安定因子（控えめ、ナイーブ）、④誠実因子（暖かみ）、⑤洗練因子（上品な、おしゃれ）、がある。

都市を通じてステークホルダーが何らかのかたちで自己実現をはかり、都市とステークホルダーの間の信頼関係を構築することが必要となるが、メタファーとしてのブランド・パーソナリティは両者の緊張を緩和し、親近感を醸成することによって、この信頼関係の構築と自己実現を促進する[7]。

このブランド・パーソナリティによって方向づけられる都市のバリュースペースは、大きく、①「交流」、②「革新」、③「伝統」、④「人間性」の四つに分類される。これは、都市のもつ時間的パースペクティブ（過去・現在・未来）と空間的パースペクティブ（内部作用と外部作用）という二つのパースペクティブの交錯によって形成される都市のバリュー＝便益の四パターンをあらわす。そしてそれぞれ、機能的便益、情緒的便益、自己表現的便益の三階層からなっている。

最後に同心円の一番外側の環は最も具体的なブランド要素である都市のブランド資源要素である。これには住民の日常世界である生活や医療・保健、教育、風俗・習慣、文化・芸術、歴史や伝統、スポーツ・娯楽、技術と経済・産業・企業活動、法律・政治、さらに観光客や来訪者向けの観光などの非日常世界に至る各種の要素が含まれる。都市のブランド創造は、これらのブランド資源要素を発見し、磨きをかけながらそれらを整序して、ある一定のブランド方向にそって編集することによって初期の目標であるバリューが達成される。

このように都市のブランドは、抽象的なブランド・スピリッツから具体的なブランド資源要素にいたる三層からなる階層構造を持つものとして構築されるのである。

2　〝ブランド創造都市〟のガバナンス――ネットワーク型リージョナリズム

（1）都市のガバナンス

そのような〝ブランド創造都市〟はいかなるやり方でマネジメントされるのか。都市はどのようなプロセスを通じてブランドとして構築されるのだろうか。あるいは都市ブランドのガバナンス・スタイルの構造的特質は何か。

神野（二〇〇五）が指摘しているように、工業社会では中央集権的な政治システムが形成された結果として、都市政治の基本であり、都市の共同体的絆の脆弱さを補完し、人間の生活を維持するために不可欠な「自治」が後景に退くようになった。そこでは公共サービスや企業の経済的な営みというかたちで家族機能やコミュニティ機能が代替され、さらに自発的な協力に基づいて人間の共同生活を支える相互扶助の精神や共同作業も衰退する。

そうした都市政治の危機から脱却するシナリオは二つあるという。一つは都市自治体を企業とみなして成果主義や顧客重視という観点からの公共サービスの効率的な供給をはかる「都市経営」あるいは「新公共管理」という考

図 3-2　「ブランド創造都市」のガバナンス

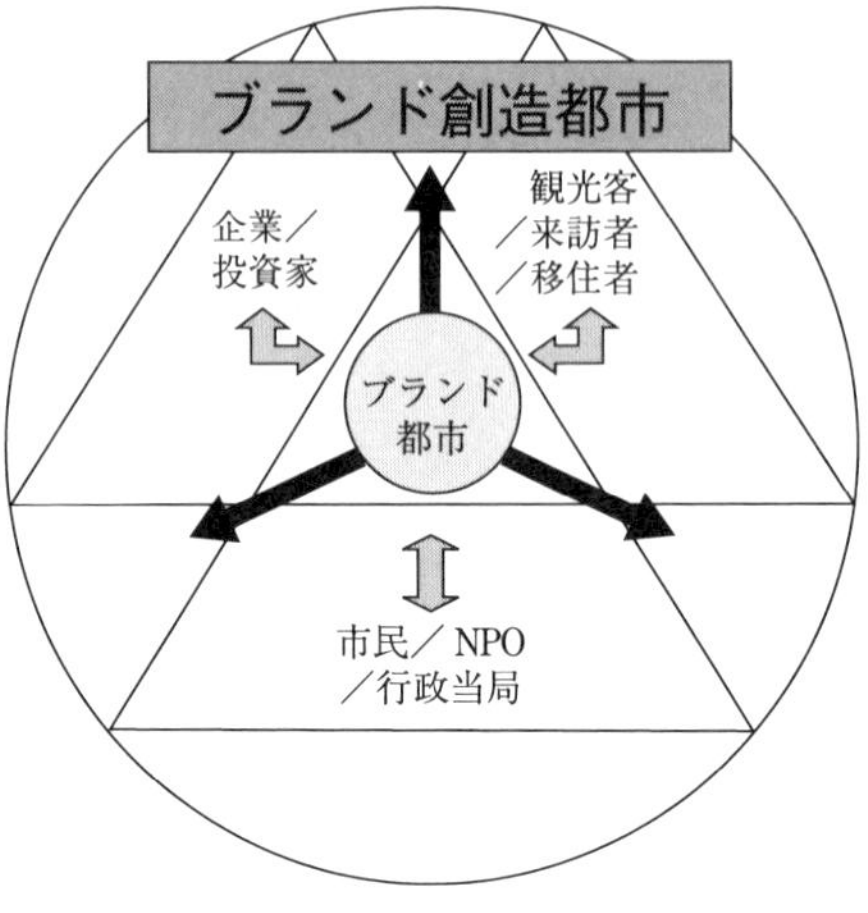

（出所）　筆者作成。

え方である。これについては市場志向のインセンティブが評価される半面、公共サービスの社会性からサービス水準の低下や手続き上の問題点が指摘される。第二のシナリオは、自発的共同性に基づくコミュニティ機能を強化し、都市住民自身が自発的に公共サービスの生産と供給に参加するという「市民民主主義」という考え方である。アクティブ・シティズンとなった都市の市民が広く参加する協同組合やNPOなどのボランタリー・セクターと地域コミュニティによって都市の「参加」、「体験」、「相互作用」に基づく「ソーシャル・ガバナンス」が花開く、と主張される。しかし、これにも参加の形式と実態の乖離や全体利害と個別利害の調整の困難性など問題がないわけではない。(8)

ここで論評されている都市経営論について、それが経済効率や市場万能主義のみに基づくものであるかのような指摘にみられるようにバイアスのかかった評価がなされている一方、「市民民主主義」についてもあまりにも抽象的で、アクティブ・シティズンが具体的にどのような誘因と貢献のメカニズムを通じて都市のマネジメントに参画していくのかが語られていない。ただ公的な権威と中央集権的な意思決定を特徴とするガバメントに対置するかたちで提示された、「相互依存、資源交換、ゲームのルール、国家からの顕著な自律によって特徴づけられた自己組織的な組織間ネットワーク」[9]としてのガバナンス・スタイルは非常に魅力的である。

（2）〝ブランド創造都市〟のガバナンス

それでは次世代型の都市である〝ブランド創造都市〟のガバナンスはどのようなものでなければならないのか。**図3－2**が示すように、ブランド創造都市は、そのステークホルダーである市民・NPO・行政当局、企業・投資家、観光客・来訪者・移住者によって構築されるとともに、彼らに対してさまざまな影響を及ぼしている。言い換えると、都市のブランド創造は都市をめぐるステークホルダーの共同作業のなかで行われるのである。しかし、そこでは新しいガバナンスのスタイルが要請される。「ソーシャル・ガバナンス」の発想＝「柔構造」と都市経営の手法＝「剛構造」との二階建て構造からなる新しいガバナンス・スタイルであり、ステークホルダー志向の「ネットワーク型リージョナリズム」と呼ぶものである。ガバナンスの基本的なスタイルは自律、信頼、創発と協同のネットワーク構造であり（柔構造）、住民の自信回復、意識改革、さらに精神の開放が最終的な一次目標に設定される。その反面、個々の事業やサービスのPDCAサイクル（計画・実施・チェック・処置）においてはコスト・パフォーマンスが最大限追求されねばならない（剛構造）。

問題はそのような二つの異なる原理が並立した状況のもとでガバナンスがうまく機能するかという点である。個別利害と全体利害、短期的利害と長期的利害の二律背反をはじめとするステークホルダー間の利害調整はそもそも困難であるとの見方もできる。ここにおいてそれを緩和し、部分的に解消する役割を果たしてくれるのがブランドである。さらにそうした利害調整から進んで、利害の一致や共通利害の創造をもたらしてくれるのがブランドに他ならない。

度重なる火災から復興した法善寺横丁。

前章でも見たように、ブランドは単なる都市やそれを構成する資源、サービスを一方的にプロモーションし、イメージ・アップするための手段ではない。それは、安心、信頼、バリュー、感動を表し、夢ないし期待とそれに応える約束のネクサスになる。同様にブランド都市も具体的な都市機能や都市の便益それ自体を表すのではなく、それらを抽象化したシンボリックな存在である。それゆえに、またブランド都市は固定的で静態的な存在ではなく、反対にきわめてダイナミックな存在となる。ブランド都市は進化する生き物であると言ってよい。それは未知の可能性や巨大なポテンシャルを内包している。都市ブランドは、それに対する市民・ＮＰＯ・行政当局、企業・投資家、観光客・来訪者・移住者といったステークホルダーの信念やモチベーションを刺激し、情緒的・自己表現的な行動を引きおこす機能を持つ。それは彼らの参加と協同を促進し、自己と都市の間の一体化と目標の一致を進め、都市ブランドのバリュースペースを拡大、深化させるのである。前掲図３-２で都市ブランドから延びている三本の矢印はそうしたブランド都市の拡大、深化するプロセスを示している。このような都市とステークホルダーとの間のウィン=ウィン関係の積極的な展開プロセスを通じてよりパワーアップしたブランド都市が形成されるのである。これが〝ブランド創造都市〟である。

そして、ひとたび〝ブランド創造都市〟に対するロイヤルティが形成されれば、たとえ都市とステークホルダーとの間で客観的な利害の面での不一致ないし衝突が発生したときや、実態的には変わらなくても、あるいは自己にとって不利益な場合でも、ロイヤルティの水準がすぐには低下しない可能性がある。プロ野球の熱狂的なファンやサッカーのサポーターのように、そうした状況を一時的に甘受したり、むしろ反対に都市に対する愛着や絆がかえって増大する場合もある。これはブランド都市の同化作用に基づいている。しかし、それにも限界がある。そうした状況が中長期的に続けば、〝ブランド創造都市〟のパワーも低下すると考えられる。このブランド都市のパワーの低下がロイヤルティの低下をもたらし、さらにそのことが協同して構築すべき都市ブランドの魅力を低下させる。都市のステークホルダーが自らの街である都市を見捨てることであり、ブランド都市の異化作用である。したがって、このようなブランド都市の異化作用を押さえて、同化作用を発揮すること、すなわち、ブランド都市の「悪魔のサイクル」を防止し、その拡大と深化という「天使のサイクル」へと移行させることが必要となる。「悪魔のサイクル」の回避と「天使のサイクル」の推進、言い換えると、ブランド都市を〝ブランド創造都市〟へと移行させることが都市ブランド戦略の課題にほかならない。

3　〝ブランド創造都市〟のムーブメント

(1)　都市ブランド戦略におけるコミュニケーション

これまで地域活性化や都市再生に向けて地域・都市経営にマーケティング手法が導入され、ブランド戦略が展開されてきた。しかし、そうした場合にあってもブランド・コミュニケーションという考え方はほとんど見られない。

これまで展開されてきた都市ブランドのコミュニケーション戦略は、基本的に、プロモーション（販売促進）と広報（PR）という二つのプロトタイプに基づいて構成されている。

一番よくあるパターンは地域や都市をブランド化することにより、それらを売り込もうというプロモーション型の戦略である。地域外や他都市に居住する生活者・消費者をターゲットに設定し、その地域や都市に固有の産品やサービスに対する認知と理解を促進することを通じて購買動機を形成することがその主な目的であった。名産品や特産品といった商品、あるいは観光地等の名所旧跡や各種サービスにその地域ならではの差別的優位性を付与し、他都市の市場や潜在顧客へのアピール力を高めることが意図される。したがって情報戦略の中心は顧客接点（タッチ・ポイント）の開発に置かれる。例えば、自治体や第三セクターなどがホームページを開設し商品特長を告知したり、首都圏や関西圏で販売のためのルートを開拓してその店頭でプロモーションを行うことなどがその具体的内容としてあげられる。この場合ブランド価値は市場価値であり、販売数量・金額や来訪者数が成果指標となる。

もう一つは、都市ブランドのコミュニケーションを都市構成員向けの広報としてとらえるアプローチである。それは、住民や企業をはじめその地域や都市内のステークホルダーをターゲットにしながら、地域活性化に向けた取り組みをアピールし、理解や協力を求めたり、内発的なモラルアップを目指して展開される。具体的な内容としては先ほどの場合と同じく、自治体などがホームページを開設したり、広報紙誌を発行して、各種統計やアンケート調査結果、また行政施策などを公表すること、広報や公聴を目的とする講演会やセミナーなどのパブリシティ活動などがあげられよう。

コミュニケーションにおける売り込み型展開は「プロモーション型都市ブランド・コミュニケーション」、内発的モラルアップ型展開は「広報型都市ブランド・コミュニケーション」と規定できよう。前者はアウター・コミュニケーションであり、後者はインナー・コミュニケーションである。プロモーションや広報というかたちでのこのようなコミュニケーションの展開は、コミュニケーションの方向が都市ブランドの外部に向かっているか、それとも内部に向かっているかの違いはあるものの、いずれも従来から行われていた活動の延長線上のものに過ぎず、地域・都市経営におけるブランド視点や戦略展開を反映したものとはなっていない。とりわけブランド戦略において中核を占める意味創造力の形成や、とりわけ〝ブランド創造都市〟の構築という考え方に沿ったものには必ずしもなっていない。

前者のプロモーション型都市ブランド・コミュニケーションは別として、後者の広報型都市ブランド・コミュニケーションが展開される背景には、ブランド都市の構築において市民やNPO、企業や投資家などステークホルダーの理解や支持が不可欠であるという認識がある。そしてそれは、ブランド都市の構築において彼らの積極的な役割と貢献が必要であるという考えに基づくものにほかならない。

他方、市民がその都市に住み、企業がその都市で事業活動を展開することを積極的にとらえ、都市の構築に対して能動的にコミットしていくなかではじめて、都市とステークホルダーとのバリューの共創過程が進む。そのためには各ステークホルダーが都市とその動態について十分な情報を持っていなければならない。一方的ではあっても都市の行政当局やマスコミ、あるいは企業などから発信される情報は共創過程が行われるための前提条件を準備する。

しかし、そうしたブランド都市のコミュニケーションには、都市とステークホルダーとの間に共通のアイデンティティを介した共鳴関係や協同意識の醸成が意識されているわけではない。そのことはコミュニケーションが一方向での情報提供と説得という枠組みを脱していないことに端的に示される。

（3）〝ブランド創造都市〟ムーブメントの展開

それでは〝ブランド創造都市〟のガバナンスは具体的にはいかに展開されるのか。それを推進するムーブメントやコミュニケーションはどのようなものか。**図3－3**は、〝ブランド創造都市〟のコミュニケーション戦略とムーブ

図 3-3 〝ブランド創造都市〟のムーブメント

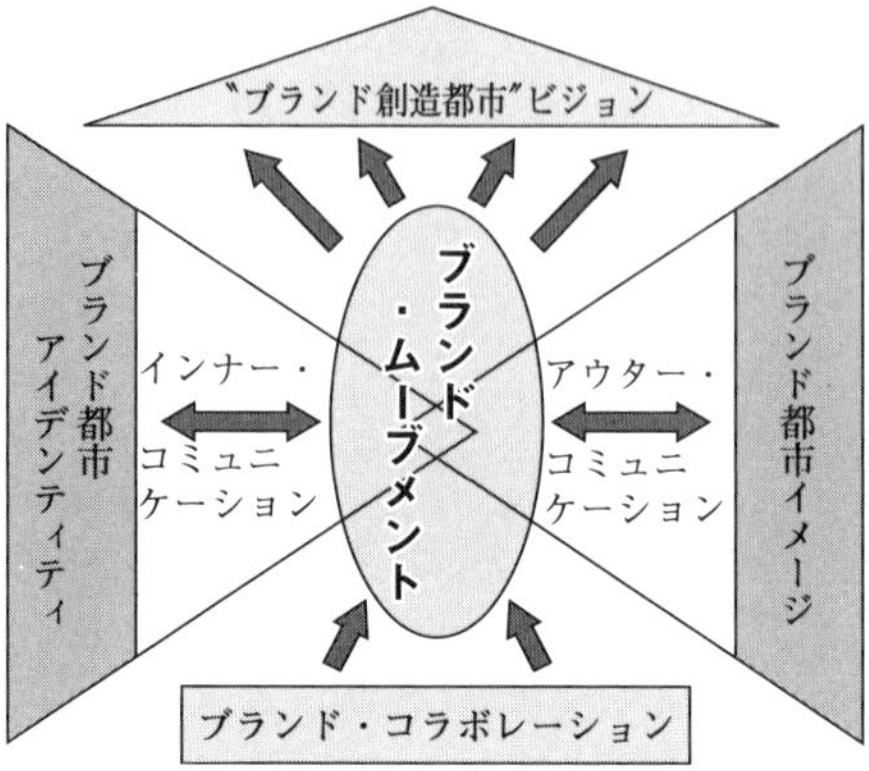

（出所）　筆者作成。

メントの概要を示したものである。

まず出発点に位置するのはブランド・コラボレーションである。先に見た都市ブランドを構成する各ブランド資源要素は、そのパーソナリティ特性（①刺激因子、②能力因子、③安定因子、④誠実因子、⑤洗練因子）に対応して、それぞれ独自の存続の論理や発展の方向性を持つ。そしてこの論理や方向性は本来的には排他的であり、非両立性をその特徴としている。また、市民・NPO・行政当局、企業・投資家、観光客・来訪者・移住者など都市やこれら都市ブランド要素の担い手であるステークホルダーも固有の精神・信念やキャリア、また個別的で具体的な利害をもっている。しかし、各ステークホルダーが互いに反目するのではなく、それぞれのもつこのような固有性や差異性を認めつつ、同時に相互理解と共感のモードにシフトし、連帯と協同の意思をもち、具体的な行動を起こすことが求められる。これがブランド・コラボレーションにほかならない。ある意味ではこの段階が最も困難である。さまざまな試行錯誤を伴いながらそれは進まざるをえないが、このコラボレーションを推進すると期待されるのが、それぞれの都市ブランドに固有の精神的土壌ともいうべきブランド・スピリッツである。各ステークホルダーはこのブランド・スピリッツを共通項にしながら連帯と協同に向かうのである。

次はブランド・ムーブメントである。この段階は、ブランド・コラボレーションに基づきながら、ブランド創造都市の構築に向けた戦略に方向性を与えるとともに、具体的なアクションを起こすプロセスである。言い換えると、それはブランド都市のバリュースペース（①「交流」、②「革新」、③「伝統」、④「人間性」）を意味編集、意味創造、意味伝達のステップを踏んで具体的に構想していく作業でもある。

この〝ブランド創造都市〟ムーブメントは、大きく二つの都市ブランド・コミュニケーション活動から構成される。

第一の領域は、市民、NPO、行政当局、企業、投資家などブランド都市のステークホルダー相互間でのインナー・コミュニケーションである。その主たる目的は、〝ブランド創造都市〟の中核をなす自己像であるブランド・アイデンティティを構築していくことにほかならない。具体的にこの活動を進めようとすれば、それはさらに二つの段階に分けられよう。一つは、市民やNPO、行政当局、企業や財界、マスコミや教育機関など都市ブランド戦略の展開においてオピニオン・リーダーとなることが多いグループ相互でのコミュニケーションである。都市ブランド戦略は非常に多くの実践領域を含む活動であり、それぞれの当事者ないし担当者がブランドの意義と目標を共通に認識していなければ成果が期待できない。したがって、〝ブランド創造都市〟とは何か、そのコンセプトと戦略、及び各活動について議論を重ねていくことが不可欠である。それと同時に、ブランド都市のメッセージや基本的指針を示した「ブランド・バイブル」を作成し、それにもとづいた会合、研修、セミナーなどを開催して相互理解と相互浸透を図っていくことも必要となる。

もう一つの段階は、オピニオン・リーダーから地域や都市の内部に向けて広くなされる広報コミュニケーションである。これは、広く市民や企業をはじめとするブランド都市のステークホルダーに向けて、都市ビジョンに基づく具体的なメッセージをアピールし、街づくりへの参加と協力を呼びかけるコミュニケーション活動である。ブランドはステークホルダーとの関係が長期にわたって継続し、意味共有の度合いが深まるにつれて、彼らの自己表現の重要な要素として取り込まれる性質を持っている。反対にステークホルダーにあっては自己へのこの取り込み過程で葛藤が生じ、軋轢が起きる。そしてこの一部はオピニオン・リーダーにフィードバックされ、そこでの議論を引き起こす。インナー・コミュニケーションは、いわば都市アイデンティティの活性化過程でもある。

第二の領域は、地域や都市の内部からその外部に向けて展開されるアウター・コミュニケーションである。都市のブランド・イメージは、都市のブランド・アイデンティティとは必ずしも一致しない。前章で見たコトラー、ハイダー、レイン（Kotler, Haider, and Rein, 1993）は、都市イメージを、①ポジティブな都市イメージ、②弱い都市イメージ、③ネガティブな都市イメージ、④混然とした都市イメージ、⑤矛盾した都市イメージ、⑥過度に魅力的な都市イメージ、に分類した(10)。このうちポジティブで魅力的な都市イメージが形成されている場合は別として、多くの場合、都市はそのアイデンティティ通りにはイメージされない。地域外や他都市の人々からは認知されていないか、たとえ認知されていても悪い都市イメージがつきまとっていることが少なくない。都市の対外的な認知を高め、都市イメージを改善することが、アウター・コミュニケーションが求められる理由である。

したがって、ここでのコミュニケーションの狙いは、商品やサービス、あるいは地域や都市そのものを「売り込むこと」にあるのではない。その本来の目的は、都市ブランドの魅力を中長期にわたって維持・向上し、そのパワーを広く訴求することである。さらにそのことを通じて、その地域や都市の圧倒的な存在感を示し、他の地域や都市との間の継続的で深みのある信頼関係を構築することである。アウター・コミュニケーションとはインパクトがあって記憶に残るとともに、親しみや好意を持たれる都市ブランド・イメージの形成・管理の過程でもある。

さらにそれはインナー・コミュニケーションに対しても影響を及ぼす。もし都市ブランド・イメージの形成・管理に失敗し、その結果としてネガティブな都市イメージが形成されるなら、そのことは当該の地域や都市ブランドにマイナスに作用する。ブランド都市の各ステークホルダーの愛着や自信を喪失させ、彼らの連帯や協同への志向を減退させてしまうことがある。それは都市のブランド・アイデンティティの崩壊であり、空洞化である。〝ブランド創造都市〟を構築しようとした場合、この点はきわめて由々しき問題であり、放置できない。

（4）都市ブランド・コミュニケーションの指針と留意点

とはいえ、地域や都市に対するイメージは容易にマネジメントできないことも事実である。それではブランド都市の良好なイメージをデザインするためにはどのような方法や指針が必要となるのか。もちろんこのなかには「プロモーション型都市ブランド・コミュニケーション」の手段として先に見た広告やイベントなどが含まれる。さらに、スローガン、テーマ、ポジショニング、ビジュアル・シンボルなどもある。このうち地域や都市のアイデンティティを端的に示すものとしてスローガンがある。古くはイギリスのロンドン北西部の街ルートンのスローガン“Luton as an Industrial Centre”（一九〇〇年〜）に始まるが、それ以来、アトランタの“The Twentieth Century City”（一九〇三年〜）、近年ではNY＝“Big Apple”のロゴと“I ❤ New York”キャンペーン（一九七七年〜）、モンテカルロの“Winter in Monte Carlo? The Chic People Are”（一九九四年〜）、国レベルでは“Bravo Spain”キャンペーン（一九九七年〜）がよく知られている[11]。

ただ、都市イメージの訴求が効果的なものになるためには、①現実妥当性、②信用、③シンプル、④訴求力、⑤目立つ、の五つの基準を満たさなければならないというコトラーらの主張[12]は、その通りである。

そうした基準からみて〝ブランド創造都市〟を効果的にコミュニケーションするための留意点としてここでは二点を指摘しておきたい。第一に、都市のブランディングにおいては、各種のコミュニケーション・メディアとすでに発信しているメッセージを強力かつ明確な戦略ビジョンに合うように調整することが必要である。IT革命とインターネットの急速な普及にともなって新たなメディアが登場してきたが、それらのニュー・メディアも含めて統合的かつホリスティックなコミュニケーション戦略の役割がますます重要になってくる。その場合に大切なことは、ブランドの特徴を最大限活用することである。ブランドはそもそも出発点において製品・サービスや企業以上のものであった。ブランディングの対象がミクロ次元の製品カテゴリーやサービス、事業、業界、市場だけでなく、さらに人、経済・社会・文化、地域などマクロ次元の生活のあらゆる局面をカバーするようになればなるほど、ブランドの持つ「神格性」「物神崇拝」は完成に向かう。

第二は、都市イメージの形成においてはステークホルダー自身がコミュニケーション・メディアとしてメッセージの代弁者になるということである。まさに「市民が市民に話す」のが都市ブランディングの特徴である。[13] いくら洗練されたロゴやスローガンであっても、あるいは行政当局や企業のトップが都市の良さを喧伝しても、そこに居住している大多数の市民や企業が自分たちの都市に満足せず、また誇りや自信を持っていなければ、他の地域や都市の人々を納得させ、共鳴させることはできない。

さてこのようにインナー・コミュニケーションとアウター・コミュニケーションの双方を通じて進められる〝ブランド創造都市〟ムーブメントによって、〝ブランド創造都市〟のビジョンやミッションが実現される。それは、二一世紀型の都市ブランドのトレンド・リーダーにふさわしい条件、すなわち、単なる成長・発展ではなく、グローバル社会との共生を可能にする文化と創造性、そして活力に満ちた新しいバリューやスタイルを提供する都市としてその魅力と存在感を発揮するのである。

4　大阪ブランド戦略の意義と役割

以上のような〝ブランド創造都市〟の理論スキームからみると、この間大阪で“Brand-new Osaka”という旗の下で推進されてきた大阪ブランド戦略は、一体どのような意義と役割を持っているのか。前二章で論じた国内外の地域、都市、国のブランド戦略と大阪ブランド戦略とは同じものだろうか。あるいはまったく異なるのか。これらの点を明らかにし、大阪ブランド戦略の取り組みを総括することが次章以下の課題である。ここでは詳細な分析に先立ってあらかじめ大阪ブランド研究の位置づけを簡単に示しておきたい。さしあたり、大阪ブランドは、以下の点で青森県や愛知県などのブランディングとは異なる。

第一は、都市ブランド戦略の位置づけである。青森や愛知のブランディングは、比較的小規模の自治体レベルで行われた実践であり、特定の行政分野のレベルにとどまる取り組みであるのに対して、大阪ブランド戦略は大阪という日本第二の都市のあり方全般に関わるものであり、その帰趨がわが国全体の動向にも少なからぬ影響を及ぼすという意味で、それは準国家プロジェクトである。

第二は、その広がりと深さである。大阪ブランド戦略は、単なる産品開発、産業振興、雇用確保、観光など自治体がそれぞれ掲げている個別の事業を目的としたものではない。また、単なる「ものづくり」のブランド化、宣伝広告、イメージ・アップを狙ったものではない。それは、官民の総力をあげた「オール大阪」で大阪のブランド・アイデンティティを再構築しようという試みである。

第三は、その意義である。青森や愛知などのブランド戦略は、知名度のアップ、産品の販売増や観光客の増大という限られた目標を実現することに主眼が置かれていた。これに対して大阪ブランド戦略は、経済や社会、文化、景観など都市のバリューを構成する多くの分野での刷新や活性化を意図している。都市の創造性や革新が叫ばれている昨今、大阪ブランド戦略は、わが国の他の都市だけでなく、アジアや欧米など世界の都市ブランディングにおけるニュー・トレンドリーダーとしての役割を担っている。いわば都市のグローバルスタンダードを創造するための取り組みの一環である。

そうした点では国家レベルではあるが、わが国の「日本ブランド戦略」はともかく、アメリカの競争力向上戦略でもある「イノベート アメリカ」（"Innovate America"）やイギリスにおける国家再生戦略である「クールブリタニア」（"Brand-new Britain"）に近い。とくに後者は国家レベルの運動であり、これを大阪のブランディングにそのまま適用することはできない。とはいえ、その位置づけ、広がりと深さ、意義を考えると、むしろイギリスの「クールブリタニア」をモデルにしながらそれは展開されてきたように考えられる。大阪ブランド戦略は果たしてアメリカやイギリスのそれと同じものかどうか。以下の諸章でそれを具体的に検討しよう。

注

（1）Weber, M., *Wirtschaft und Gesellschaft: Grundriss der verstehenden Soziologie*, Mohr, 1956. S. 735-749（世良晃志郎訳『都市の類型学』創文社、一九六四年、三～七一ページ）

（2）間宮陽介「都市の思想『非』都市から見た都市」植田和弘・神野直彦・西村幸夫・間宮陽介編『都市とは何か』岩波書店、二〇〇四年、七～一九ページ。布野修司「都市のかたち　その起源、変容、転成、保全」植田和弘・神野直彦・西村幸夫・間宮陽介編『都市とは何か』岩波書店、二〇〇四年、三八～四四ページ。

（3）Mumford, L., *The City in History : its Origins, its Transformations, and its Prospects*, Brace & World, 1961.（生田勉訳『歴史の都市　明日の都市』新潮社、一九六九年）

（4）Mumford, L., *The Culture of Cities*, Harcourt, Brace and Co., 1938. pp.979-985.（生田勉訳『都市の文化』鹿島出版会、一九八〇年、四七一～四七七ページ）

（5）Leonard, M., *Britain TM : Renewing Our Identity*, DEMOS, 1997, pp.39-42.

（6）野崎亜花梨「都市マーケティング研究：都市のブランド化は有効か」関西大学大学院修士論文、二〇〇六年三月、三九ページ。ここで参考にした文献や資料は以下の通り。日本経済新聞社編・日経産業消費研究所編『全国優良都市ランキング二〇〇五—六』日本経済新聞社、二〇〇五年。（株）日本統計センター・週刊ダイヤモンド編集部編『九九年版　全国六九三都市ランキング』ダイヤモンド社、一九九八年。井上繁『市民主導の都市創造』同友館、一九九六年。

（7）陶山計介・梅本春夫『日本型ブランド優位戦略』ダイヤモンド社、二〇〇〇年、一〇三～一一〇ページ。後藤こず恵「ブランド態度形成におけるブランド・パーソナリティの役割」『関西大学商学論集』第五〇巻第六号、二〇〇六年二月、九八～一〇〇ページ。Aaker, J.L., V. Benet-Martinez, and J. Garolera, "Consumption Symbols as Carriers of Culture: A Study of

Japanese and Spanish Brand Personality Constructs," *Journal of Personality and Social Psychology*, Vol.81, No.3, 2001, pp. 492-508. ここでは、〝ＢＩＧ５〟とも呼ばれるグローバルなレベルでのパーソナリティ因子ではなく、わが国における都市ブランド間比較を考慮して日本型パーソナリティの五因子を採用した。都市ブランドの国際比較をしようとすれば、安定因子の代わりに素朴因子の方がより適切であろう。

（8）例えば次の文献を参照。神野直彦「ポスト工業化時代の都市ガバナンス」植田和弘・神野直彦・西村幸夫・間宮陽介編『都市のガバナンス』岩波書店、二〇〇五年、七〜一四ページ。澤井安勇「ソーシャル・ガバナンスの概念とその成立条件」神野直彦・澤井安勇『ソーシャル・ガバナンス』東洋経済新報社、二〇〇四年、四〇〜五五ページ。澤井安勇「都市経営と都市再生」植田和弘・神野直彦・西村幸夫・間宮陽介編『都市のシステムと経営』岩波書店、二〇〇五年、五〜三三ページ。武智秀之「公共空間とガバナンス」武智秀之編著『都市政府とガバナンス』中央大学出版部、一〜二六ページ、山本啓「公共サービスとコミュニティ・ガバナンス」同上書、一〇一〜一二五ページ。

（9）Rhodes, R. A. W., *Understanding Governance: Policy Networks, Governance, Reflexivity and Accountability*, Open University Press, 1997, pp.15-22.

（10）Kotler, P., D.H. Haider, and I. Rein, *Marketing Places*, Free Press, 1993, pp.33-40.（井関利明監訳・前田正子・千野博・井関俊幸訳『地域のマーケティング』東洋経済新報社、一九九六年、三五〜三八ページ）

（11）Ward, S. V. *Selling Places: The Marketing and Promotion of Town and Cities 1850-2000*, Routledge, 1993, pp.54-55, 164-165, 191, 210-211.

（12）*Ibid.*, pp. 148-155.（邦訳、一六二〜一六九ページ）

（13）Anholt, S., *Brand New Justice: How Branding Places and Products can Help the Developing World*, revised ed., Elsevier, 2002, p.119.

第二部　大阪ブランドの分析——その強みと弱み

天神祭

〝ブランド創造都市〟へ移行することによって大阪の再生・活性化を図ろうとする都市ブランド戦略は、現状を的確に把握することから出発する。大阪のブランドとしての特徴、他都市と比較したときの差異、強みと弱みとをリアルに把握することが必要である。ここではまずブランド資源要素を主に大阪住民意識調査を通じて明らかにする。その上で背景分析を深めてブランド・スピリッツを抽出する。

第四章　大阪のブランド資源要素

大阪人が大阪の街や人に対してどのような思いを抱いているのか、そのブランド・イメージをブランド資源のネットワークをふまえてさまざまな角度から紹介していく。大阪をめぐるマイナス・イメージとプラス・イメージの分析を通じて、大阪のブランド資源要素、バリュー・スペース、都市パーソナリティの現状を検証する。

1　大阪住民意識調査の前提と概要

（1）大阪の否定的なステレオタイプ

大阪のイメージは悪い。大阪の街について語るとき、それはさまざまの否定的なイメージ、あるいは揶揄するイメージに彩られることが多い。

例えば――

・経済的な地盤沈下に苦しむ沈滞した街。
・犯罪の多い恐い街。
・公共道徳を守らない無秩序な街。

・快楽に身を委ねて生きる猥雑な街。
・一般の人の会話が漫才のように聞こえる笑いの街。
・巨大な屋外広告に埋め尽くされた、景観がごちゃごちゃした街。
・「もうかりまっか」が日常の挨拶となっている拝金主義の街……などなど。

否定的な大阪の都市像は、そこで暮らし働く住民の姿にも影を落としている。がめつい。ガラが悪い。厚かましい。派手好き。おっちょこちょい。いらち。押しが強い。脂ぎっている。目立ちたがり。泥臭い。でしゃばり。抜け目ない。自分勝手。どけち。がさつ。ど根性。なれなれしい。下品。——など、大阪人のイメージもまた非常に悪い。

この通り、大阪の街と人とをめぐるイメージの悪さには異常なものがある。それは否定的な実態を反映し評価したものというより、マイナス・イメージ自体がステレオタイプと化して一人歩きし内外に定着しているかの観さえ受ける。

それにはマスコミの取り上げ方が大きく影響を及ぼしている。テレビドラマで大阪人が登場するのは決まって道化役か、悪役としてである。全国放送で流れる大阪弁の多くはお笑いタレントによるものであり、あくの強い芸風がとくに歓迎される。ニュースでの取り上げられ方も、あくどい出来事が強調されるなど、色眼鏡がかかっていることがある。(1) こうして大阪の街と人とに関わる否定的な像は東京発のマスコミを通じてさらに増幅されていく。

大阪が活力を失っている背景には、こうした否定的なステレオタイプの存在を無視することができない。ブランドは「識別したり差別化したりするための一定のまとまりと意味を持つ記号情報」であり、ブランドを構築することによって記号内容を超えた価値や信念を提供することができるのであるが、大阪を取り巻くものは裏返しのブランドに他ならない。大阪をめぐるアンチ・ブランドが住民をはじめとするステークホルダーのアイデンティティを

コラム

大阪は醜い！

『「大阪は醜い」誤解やで』という見出しのもと、海外の観光ガイドブックやインターネットサイトに大阪の街に関して誤謬に充ちた記載がまかり通っている実態が報道された（『読売新聞』大阪本社版夕刊、二〇〇五年一〇月八日）。記事によれば大阪は、▽街は醜いのに愛されることを切望する、▽酔っ払いが絶え間なく行き交う、▽仕事が無くなっても人生を楽しむのんきな市民、▽「もうかりまっか」が挨拶――などと紹介されている。全身刺青姿の写真を添えて「大阪はヤクザの街」と強調するガイドブックさえある。

大阪への偏見を妄信する人は国内にも多く、マイナスのステレオタイプがすっかり根付いてしまっている。大阪はどうしてこんなにイメージが悪いのだろうか。

その原点は大阪の異質さにある。言葉遣いを始め、ファッションや流行現象の受け入れ方などのライフスタイルにおいて大阪は特有の価値観をもち、かつそのことに誇りをもつ。東京一極集中と地方のミニ東京化によって均質化してしまった日本の中で、濃い地方色を自ら強調する大阪は非常に目立つ異質の存在なのである。それゆえ大阪に「中心」に対する「周縁」の役割が押しつけられる。山口昌男は『文化と両義性』において、「あらゆる反秩序的マイナス記号を付された『犠牲者』との距離において文化は『秩序』を形成する」という文化の根本原理を紹介している。東京中心の価値観に染まらぬ大阪の存在は、こうして日本におけるマイナス記号の象徴と化してゆく。

日本もまたかつて、同じメカニズムによって国際社会の中の異端児役を押し付けられた歴史をもつ。筒井康隆の短篇ＳＦ「色眼鏡の狂詩曲《ラプソディ》」はその事情を捉え、海外に厳として存在する「さらにもうひとつの日本」像を異化して見せた傑作である。作中の日本では、ショーグンが茶室で執務する。道には荷馬車、人力車、三輪タクシーが走る。トーキョーの真ん中で、首からカメラを下げて眼鏡をかけた出っ歯の男とゲイシャ・ガールがムシロを敷き、スシ、テンプラを食べて花見をする。そして、総理大臣は失政の責任をとってハラキリをする。

だが、効率化が重視された成長期とは異なり、成熟期において異質さは個性であり、存在意義を主張する核として重要である。マイナス・イメージを否定したり反論したりするだけではなく、その異質さを生み出した背景を掘り下げることによって固有の価値を育むアプローチに結びつけたい。

揺さぶり、自信喪失をもたらしている。大阪の再生策を考察するに際してはまず大阪の特徴や強み弱みを正確に把握することが必要であるが、とりわけマイナス・イメージの構造と背景分析とを行うことがきわめて重要である。こうした問題意識に基づき、大阪をブランドとして捉えて活性化策を講じる大阪ブランド・ルネッサンスプロジェクトの遂行に際して、住民を対象とする意識調査を実施した。

ブランドは送り手と受け手とを「意味の絆」によって結び付けることで濃密な関係を築き上げる「価値創造のネクサス」である。大阪ブランドに最も深く関与するステークホルダーは住民に他ならない。巷間取り沙汰される大阪のさまざまなマイナス・イメージが住民にはどう受け止められているのか。否定的なステレオタイプは何に起因し、どのような過程を経て定着したのか。逆に、肯定的な評価を獲得する事象は大阪には無いのか。こうした価値意識の実態把握と分析を戦略立案の出発点に置いたのである。

（2）調査設計

この調査における「住民」には大阪府民だけではなく、大阪への通勤圏の居住者をも加えた。大阪は戦前の工業都市の時代に市内の居住環境が悪化し、人口が阪神間や奈良方面など郊外へ流出した歴史を持っている。こうした地域は通勤通学や買物・飲食を通じて大阪と深く関わっており、大阪の評価を考えるときに無視できない位置づけを持つ、という認識に基づく判断である。

通勤圏の規定には「国勢調査」の通勤・通学地集計を用い、常住人口の十％以上が大阪市に通勤している範囲を算出した。具体的には次の地域が含まれる。

京都府：八幡市・精華町・木津町・加茂町。

図 4-1　大阪住民意識調査の調査設計

①調査目的
住民における大阪のブランドイメージの現状を探り，大阪再生をめざすブランド戦略を構築する基礎データとして活用する。
②調査手法
多くの意識・評価項目に対してじっくり考えた上で回答してもらえる特性を重んじて，郵送留置聴取法を採用した。
③サンプル設定
大阪府，及び大阪への通勤圏に５年以上居住する，20～59歳の男女個人。805サンプル。
④調査項目
○大阪のイメージ評価（投影法）。
○大阪の都市パーソナリティ：東京，京都，神戸との比較で。
○大阪内部の地域キャラクター。
○大阪の街の現状評価：プラス・イメージ，マイナス・イメージ，東京との対比。
○大阪の人の現状評価：プラス・イメージ，マイナス・イメージ。
○大阪ブランド資源候補の評価。
○フェイスシート。
⑤調査時期　2005年９月
⑥調査主体　関西大学・株式会社大広

奈良県：奈良市・生駒市・大和郡山市・桜井市・橿原市・大和高田市・御所市、及びその周辺の町村。
兵庫県：尼崎市・西宮市・芦屋市・宝塚市・伊丹市・川西市・三田市・猪名川町。
和歌山県：橋本市。
三重県：名張市・青山町。

以下、この調査報告においては、これらの大阪通勤圏に居住する人も含めて「大阪人」と記述する。

大阪住民意識調査の調査設計は、**図4－1**の通りである。それでは以下、住民意識調査に即して、大阪をめぐるイメージの現状をみていこう。

2　大阪のマイナス・イメージの実態
――街に対して、人に対して

大阪から活気を殺いでいる街や人に対するマイナス・イメージは、大阪人にどう受け止められているのであろうか。いくつかの切り口を設定して探ってみた。

（1）大阪の悪口への反応（投影法）

投影法とは、被験者に直接質問をぶつけるのではなく、ある特殊な状況を設定して回答してもらうことによってそこに投影された本心や深層心理を読み取る、定性調査の有力な技法である。アカウント・プランニングの普及に伴って重んじられるようになったコンシューマー・インサイトのために、投影法は生活者の生き生きとした声を伝えてくれる。

この調査では、**図4－2**のとおり、大阪の悪口を言っている東京人に対して大阪人が答える、という状況を提示した。挑発的言辞に対する反応に、被験者の大阪に対する思いを投影させることを試みたのである。

結果は**図4－3**にみられる通り、大阪の悪口を認めるのは一二％に留まり、六割以上の大多数は反発を示した。「感情的反発」は、「大阪の悪口を言われたくない」といった大阪批判への立腹を表明したもの、「東京こそ田舎者の集まりのくせに」といった東京批判、「勝手に言っていろ」といった捨て台詞で構成される。「具体的な論拠は示さずに反論する」は、「そうは思わない」「大阪にはいいところがある」「大阪の良さを知らないくせに」「大阪の良さが分かっていない」など、抽象的・観念的な反論によって構成されている。

これらの感情的反発と具体的論拠を示さない反論とを合わせると全体の三一％に及び、反論全体のちょうど半分に達する。このことは、大阪人が大阪に対して強い愛着を抱いていることを示すと同時に、その愛着が多分に情緒的なものであることを表している。

大阪の悪口への反応への類型としては、「具体的な論拠を示して反論する」が三一％と最も多かった。特に目立った論点としては、①大阪には活気があり、大阪人にはパワーがある、②独創性があり、それを生かした産業が発展している、③大阪人は人間味に溢れ、人情が厚い、④文化的には大阪が優れている——の四点があげられる。それぞれの代表的な意見を要約・抜粋して紹介しよう。

図 4-2　大阪の悪口への反応（投影法による自由回答）

被験者が「大阪」に対してどんな思いを抱いているのか，東京人の挑発的言辞に対して反応を書き込む投影法によって，深層にまで踏み込んで探ってみた。

【質問】

東京の人が大阪について言っています。
大阪の人は反論せず聞いている様子。でも，お腹のなかでは，別に考えたことがあるのでは？
大阪の人のホンネを想像して，できるだけ詳しく書き込んで下さい。

図 4-3　大阪の悪口への反応
（投影法による自由回答）

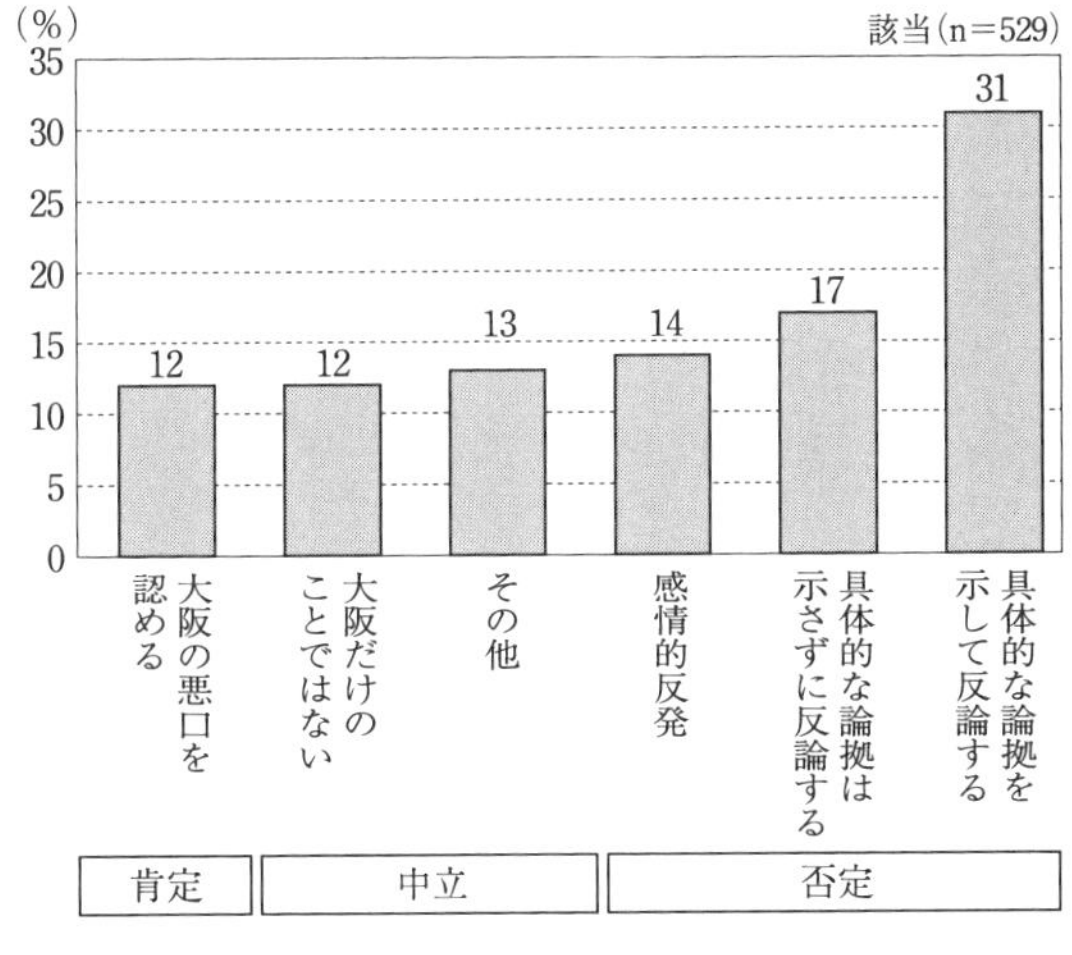

①大阪には活気があり、大阪人にはパワーがある。

▽本音で生きる街・大阪には他にないバイタリティがある。▽商都・大阪は元気。▽人間の活気は東京より上だ。▽大阪人は大阪が大好きなので、悪口を言われるとそれをバネにして活力を発揮する。▽大阪人には底力がある。▽大阪人はど根性を持っている。▽大阪には良い連帯感がある。

②独創性があり、それを生かした産業が発展している。

▽大阪人は新しいアイデアや発想の転換が得意。流行は大阪から生まれる。▽新しいことの創造は断然大阪だ。▽大阪にはロボット産業や大手家電メーカーなど、ものづくりの最先端技術がある。▽中小企業でも高い技術を持つ会社が多い。▽東大阪には人工衛星「まいど1号」に象徴されるとおり、規模は小さくても世界を舞台に活躍する企業が集積している。▽いろいろな技術を持つ職人が集まって未知の領域に挑戦してゆく、そんな楽しみが大阪にはある。

③大阪人は人間味に溢れ、人情が厚い。

▽大阪には人間の温かみがあり、人情がある。▽大阪人には東京人にない、人間味溢れる温かみがある。▽大阪くらいいろいろな雑多なものが共存する中、人間のつながりが強いところはない。▽目先の損得に捉われず、人のつながりを大事にする大阪には粘り強い底力がある。▽人情厚い大阪人は東京人より温かい。▽商売にも人情味がある。▽困っている人を見ると放っておけない、人情味の厚い人が多い。▽大阪は人情溢れる街。東京のように冷たい人間が集まった街より大阪の街が好きだ。

④文化的には大阪が優れている。

▽文化的には東京モンに言われる筋合いは無い。▽古い物を大切にする道頓堀再開発や東京に進出した笑いなど、文化的には頑張っている。▽地元に根づいた文化では大阪の方が東京より優れている。▽長年にわたって固有の

文化を育んできた伝統には比類がない。対して人種のるつぼで歴史が浅い東京の文化は寄せ集めで、たいして誇れるものがない。▽大阪の笑いの文化、本音の文化には、建前や体面ばかりを気にする東京人にはないいいところがある。▽古典芸能が活発な大阪には歴史的底力があり、独特の文化が発達している。▽日本の文化には大阪から発信したものが多くある。▽古いものを大事にしながら新しい文化を生み出す力は東京には負けない。▽東京よりも歴史が遙かに長く、笑い、食文化、見栄をはらず堅実に生活する点など、成熟した文化がある。▽大阪は商人の町として長い歴史があり、伝統芸能や独自の文化をもっている。

ここで提出されたさまざまな反論の論拠からは大阪人の大阪に対する愛着の形を読み取ることができる。ただし、肯定的な大阪評価も否定的なものと同様、多分にステレオタイプ化されている点には留意する必要がある。

（2）大阪のマイナス・イメージへの評価

街のマイナス・イメージについては、「大阪をめぐるステレオタイプ」を表明する意見項目を一五に集約、プリコードして示し、複数回答で答えてもらった。その結果、それらの中で自認するものと否定するものとの間で顕著な差がついた点が興味深い。

図4－4によってその結果を見ると、「大阪には、不況に苦しむ中小企業が多い」が飛び抜けて高く、「大阪は公共マナーが守られていない、無秩序な街だ」が次いでいる。これらに続くやや高い項目には、「大阪の経済的な地盤沈下は、まだまだ続くと思う」「大阪は犯罪の多い、恐い街だ」「大阪は支店経済都市で、東京本社の出先に堕している」「大阪の街の景観はごちゃごちゃしていて、あくどい」があり、総じて「経済的劣勢」と「街の無秩序さ・恐さ・あくどさ」がマイナス・イメージとしてとらえられている。これらは都市の経済的側面、外見的側面で

図 4-4　大阪のマイナス・イメージ評価

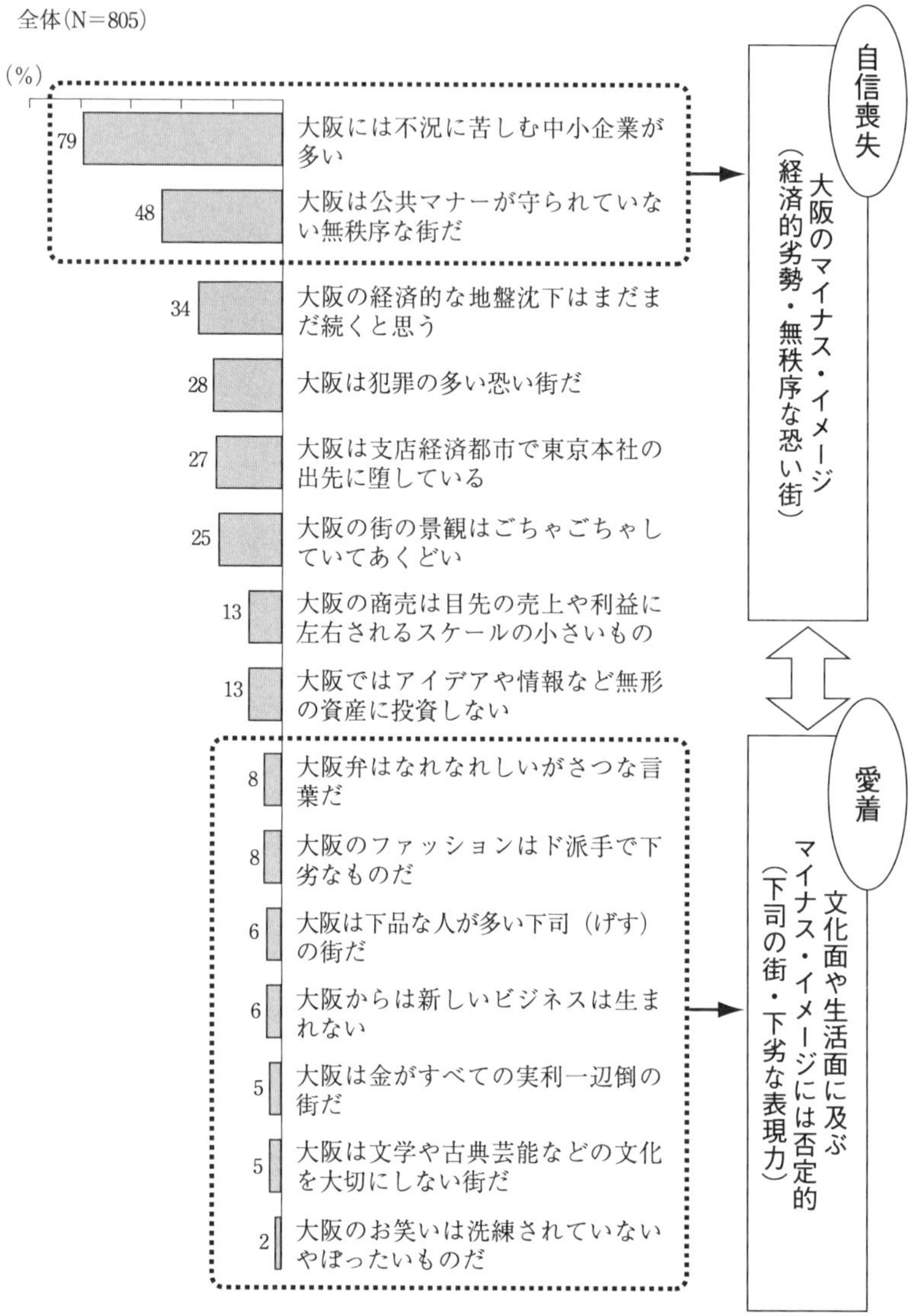
全体(N=805)
(%)
79 大阪には不況に苦しむ中小企業が多い
48 大阪は公共マナーが守られていない無秩序な街だ
34 大阪の経済的な地盤沈下はまだまだ続くと思う
28 大阪は犯罪の多い恐い街だ
27 大阪は支店経済都市で東京本社の出先に堕している
25 大阪の街の景観はごちゃごちゃしていてあくどい
13 大阪の商売は目先の売上や利益に左右されるスケールの小さいもの
13 大阪ではアイデアや情報など無形の資産に投資しない
8 大阪弁はなれなれしいがさつな言葉だ
8 大阪のファッションはド派手で下劣なものだ
6 大阪は下品な人が多い下司（げす）の街だ
6 大阪からは新しいビジネスは生まれない
5 大阪は金がすべての実利一辺倒の街だ
5 大阪は文学や古典芸能などの文化を大切にしない街だ
2 大阪のお笑いは洗練されていないやぼったいものだ
自信喪失
大阪のマイナス・イメージ（経済的劣勢・無秩序な恐い街）
愛着
文化面や生活面に及ぶマイナス・イメージには否定的（下司の街・下劣な表現力）

あり、都市基盤の機能的劣化については自信喪失を表明する声が高い。

ところが一方で、「下品な人の多い下司の街」「実利一辺倒の拝金主義の街」「文化を大切にしない街」といったマイナス評価にははっきりと否定的であり、「大阪弁」や「大阪ファッション」「大阪の笑い」といった事象についてもまったくマイナスには受け止められていない。すなわち、大阪の文化的側面、精神的側面に対しては、大阪人は逆に強い愛着を持っているものと推察されるのである。

（3）大阪と東京・どちらが優れているか

大阪のマイナス評価には、東京との対比においてなされるものが含まれている。そこで九つの項目を用意して、それぞれ大阪と東京とどちらが優れているかを探ってみたところ、**図4－5**のとおり、仕事については圧倒的に東京だが、生活面では断然大阪優位、とする鮮やかな対比の構造が浮かび上がってきた。

「ビジネスチャンスの豊富さ」「仕事のスケール」の二点では東京優位が圧倒的で、大阪を支持する声はほとんど見られない。次いで、「新しいものや文化に触れる機会の多さ」「自己実現の機会の多さ」でも東京が推されている。

しかし一方で、「食文化」と「日常生活のしやすさ」の二点における大阪優位については、ビジネス面での東京優位と同じ程度に高い評価を獲得している。「歴史・伝統の厚み」「知人との交際を楽しむ機会の多さ」「生活文化の豊かさ」の三点がこれに次いで、大阪支持が高い。

属性別に見て、もともと「東京は嫌い」という層では大阪の美点、「東京に憧れる」層で東京の美点の支持がそれぞれ特に高まるのは当然であるが、「東京は嫌い」層が強調する大阪の美点は「知人との交際を楽しむ機会の多さ」と「生活文化の豊かさ」の二点となっている。

図 4-5　大阪と東京のどちらが優れているか

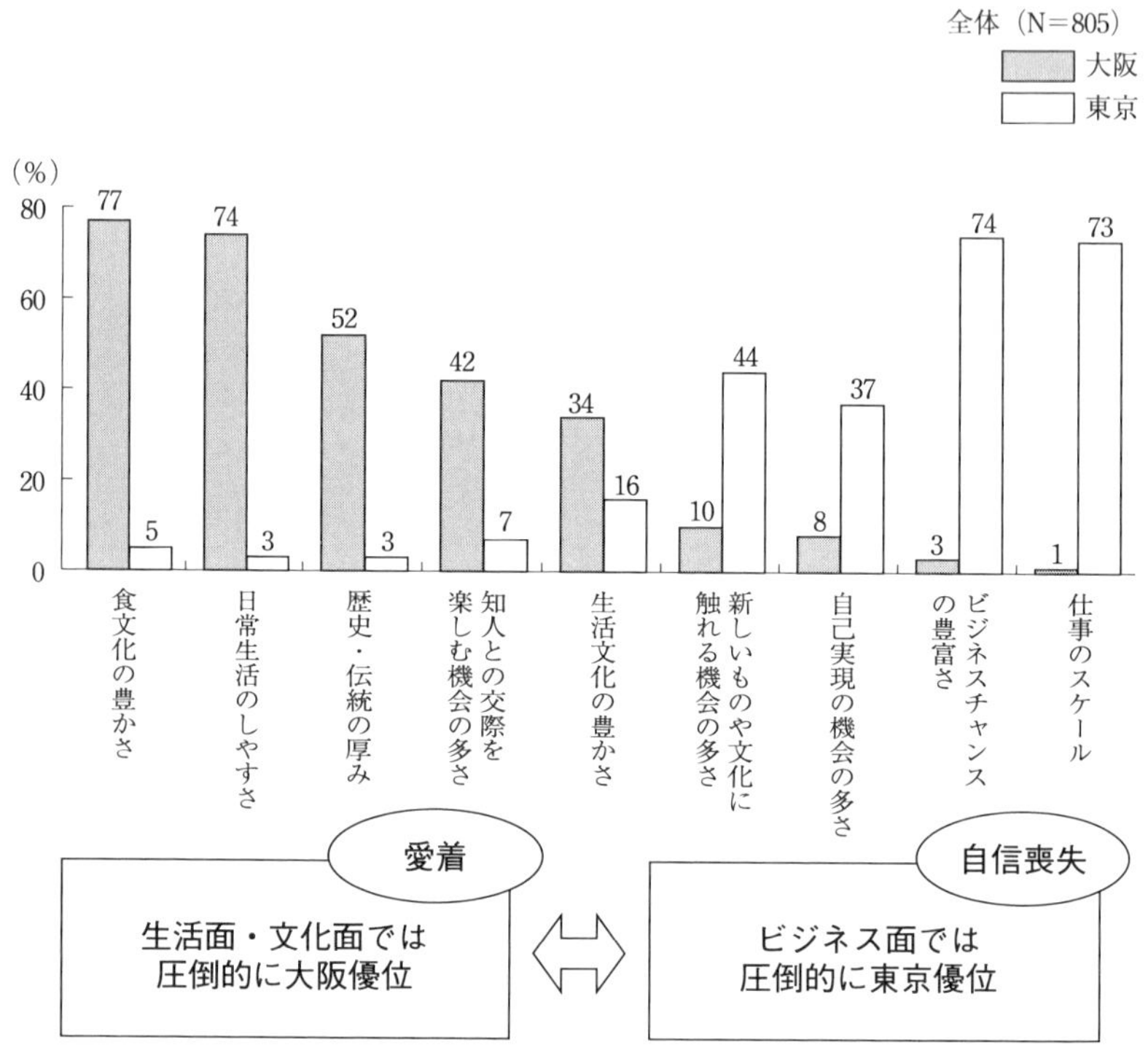

（4）大阪の人のイメージ

プラス・マイナスのバランスに配慮してプリコードした三〇のイメージ項目から選択してもらった結果、最も高い「目立ちたがり」の六四％から、最も低い「うっとおしい」の四％まで、大阪の人のイメージとして肯定・否定さまざまの「そう思う」回答が得られた。

図4-6に見られるとおり、総じて高く選ばれたのは、「活力があり、人間味にあふれた庶民」の像である。具体的な項目としては、「サービス精神のある」「庶民的な」「気さくな」「人間味あふれる」「バイタリティ豊か」「人間関係を重んじる」「合理的」などが上位にあがっている。町人文化の伝統をいまに伝える生き生きとした庶民の姿が大阪人の最も特徴的なものである。

しかし一方、それらに混じって「がさ

図 4-6　大阪の人イメージ

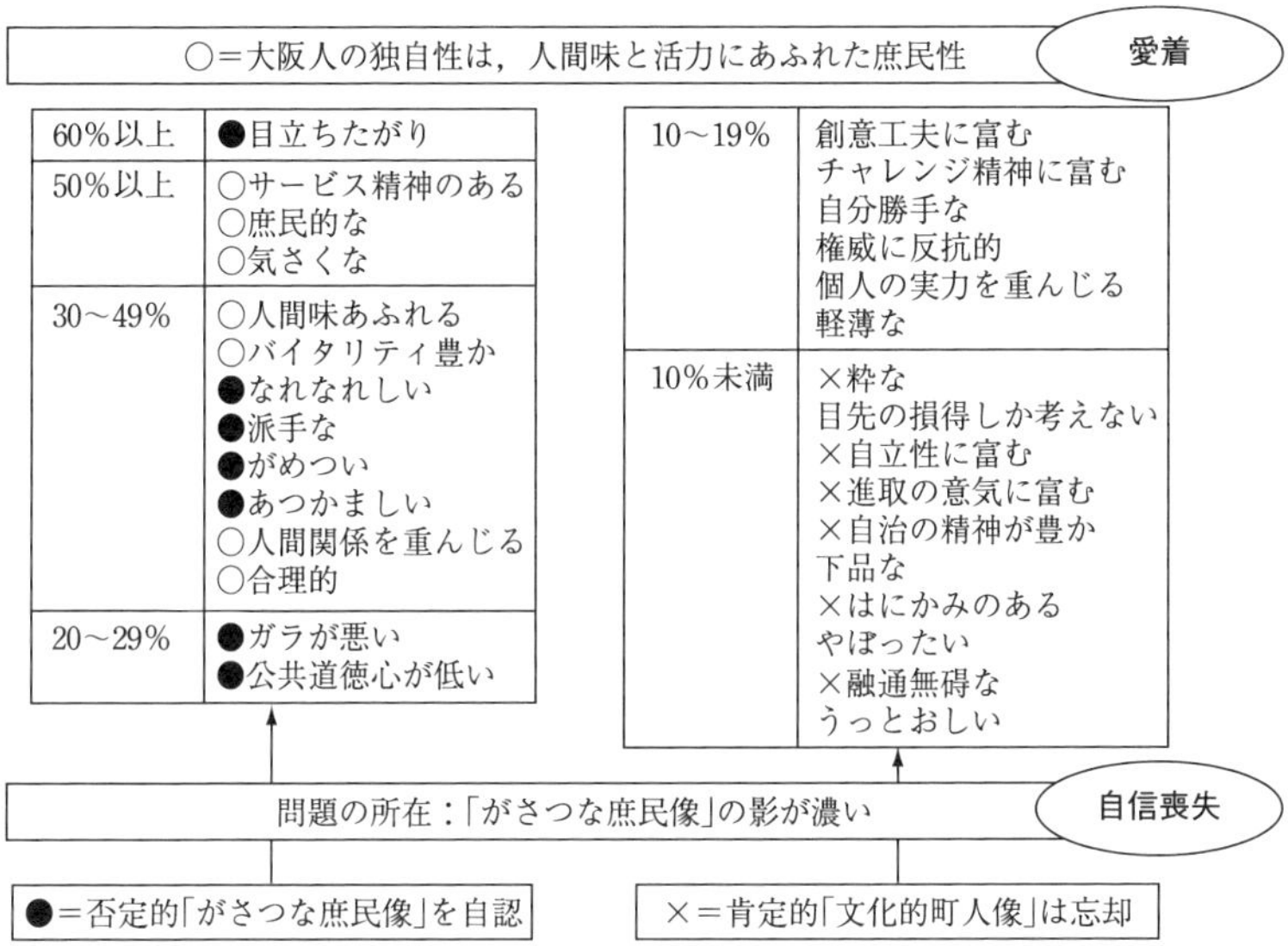

○＝大阪人の独自性は，人間味と活力にあふれた庶民性
愛着
60％以上
●目立ちたがり
50％以上
○サービス精神のある
○庶民的な
○気さくな
30～49％
○人間味あふれる
○バイタリティ豊か
●なれなれしい
●派手な
●がめつい
●あつかましい
○人間関係を重んじる
○合理的
20～29％
●ガラが悪い
●公共道徳心が低い
10～19％
創意工夫に富む
チャレンジ精神に富む
自分勝手な
権威に反抗的
個人の実力を重んじる
軽薄な
10％未満
×粋な
目先の損得しか考えない
×自立性に富む
×進取の意気に富む
×自治の精神が豊か
下品な
×はにかみのある
やぼったい
×融通無碍な
うっとおしい
問題の所在：「がさつな庶民像」の影が濃い
自信喪失
●＝否定的「がさつな庶民像」を自認
×＝肯定的「文化的町人像」は忘却

つで身勝手な庶民」像を自認することが注目される。「なれなれしい」「がめつい」「あつかましい」「ガラが悪い」「公共道徳心が低い」といったマイナス・イメージは、大阪人自身でさえ認めざるをえないところとなってしまっている。

さらに、歴史的に重んじられてきた町人像のプラス・イメージにはほとんど反応が見られなかった点も看過できない。「融通無碍な」「はにかみのある」「自治の精神が豊か」「進取の意気に富む」「自立性に富む」「粋な」など、大阪文化を支えてきた大阪町人の美点は、今日すっかり忘却されてしまっているのである。

ここで注目されるものが、「庶民」という表現の両義性である。「気さく」「人間味」「バイタリティ」「合理的」などの肯定的側面と、「あつかましい」「ガラが悪い」「公共道徳心が低い」などの否定的側面の両面が「庶民」には託されている。肯定的庶民像は「武士」（＝官僚的支配者）に対峙する「町人」の伝統を汲むものであるが、その背景が忘れ去られてしまったために否定的庶民像が相対的に目立つようになったものとみられる。

図 4-7　大阪の人イメージ：大阪へのこだわり度別

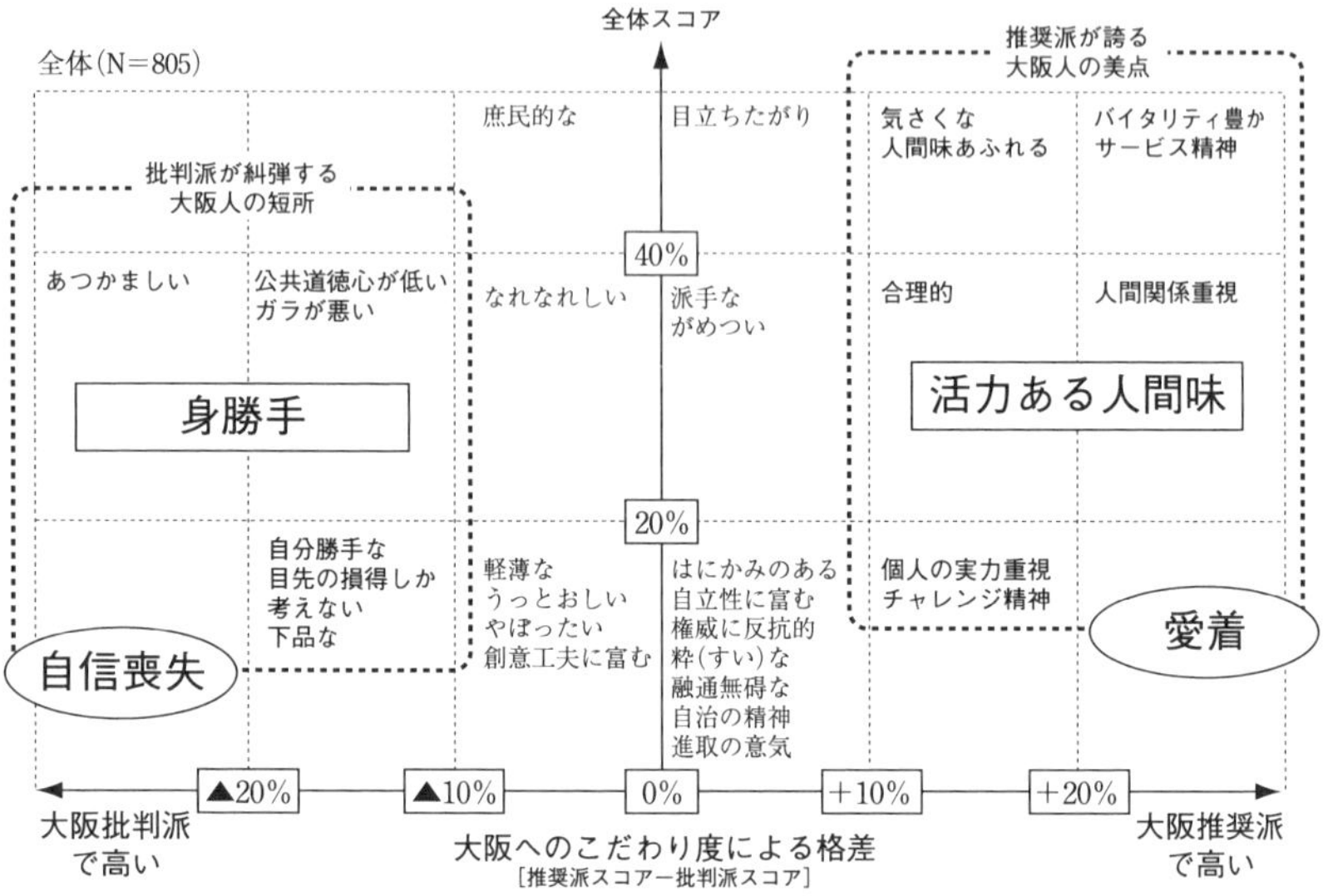

この結果を「大阪へのこだわり度別」にみるとさらに興味深い。

今回の調査ではフェイスシート項目で、大阪へのこだわり度合いをとった。「積極的に大阪の良いところを推奨する」「大阪の悪口を言われると腹が立つ」「大阪の良いところを指摘されれば、消極的に認める」「大阪の悪いところを積極的に批判する」の四つの回答項目は、ブランドとして捉えた大阪に対して被験者が持つ関与の程度をとらえる意図を持っている。今回の分析に際して、最も顕著な差異を示したものがこの「大阪こだわり度」であった。逆に性別、年齢別、居住地別といったデモグラフィック特性に基づく分析軸では明瞭な差異を見出せなかった。このことは大阪人と大阪との結び付きが優れて精神的なものであることを示すものである。

さて、大阪へのこだわり度別に見る両極、すなわち「大阪推奨派」と「大阪批判派」との回答傾向に注目して大阪の人のイメージを分析すると、**図4－7**に示した通り大阪推奨派において特に高い項目は、「バイタリティ豊か」「サービス精神」を筆頭に「人間関係重視」「気さくな」「人間味あふれる」「合理的」「個人の実力重視」「チャレンジ精神」などである。すなわち、大阪ブランドのファンが推奨する大阪人の美点は「活力ある人間味」と集約することができ、肯定的庶民像に大阪に対する愛着が滲んで見える。

逆に大阪批判派で特に高い項目は、「あつかましい」「公共道徳心が低い」「ガラが悪い」「自分勝手な」「目先の損得しか考えない」「下品な」などであり、否定的庶民像である「身勝手な人間性」が槍玉に上っている。

3　大阪のブランド資源要素評価

①アンケート調査によるブランド資源の棚卸、②有識者百人ヒアリング、③検討委員会のキャラバン開催――といった活動を通じて抽出された大阪のブランド資源要素は、以下に示す五つのカテゴリーの三八項目である。(2)

(1)斬新な商売

商都――豪商（住友、鴻池）、先物取引、堂島、船場等。
商店街・市場――天神橋、心斎橋、千林、庄内等。
おまけ――グリコ、食玩、売り買い交渉等。
食の都――高級料理、料亭、粉文化、大阪野菜、シェフ（辻調等）、飲食店等。
ファッション・デザイン――大阪コレクション、デザイナー、専門学校群等。
クリエイター――安藤忠雄、コシノ姉妹等。
ミュージシャン――つんく、矢井田瞳、綾戸智恵、大西ユカリ等。

コンテンツ産業――映画（ブラックレイン）、ロケ協議会、シネコン、浸画・アニメ（アトム）、デジタルアート、おもしろＣＭ等。

(2)最先端のものづくり

新産業――ＩＴ、ロボット、宇宙、ナノテク等。

バイオ、創薬――道修町、北大阪、薬品産業（武田、塩野義）等。

中小企業――トップシェア、オンリーワン企業、東大阪エリア等。

家電――松下、サンヨー、シャープ等。

伝統工芸――大阪欄間、堺打刃物、大阪浪華錫器、大阪張り子等。

環境、エネルギー――燃料電池、太陽光発電等。

スポーツ産業――ミズノ、デサント、モンベル、スワン、エビス、自転車等。

繊維――ハイテク繊維、梅炭タオル、ささ和紙等。

(3)多彩な都市景観

水都――道頓堀、八百八橋、中之島、桜ノ宮、川、舟運等。

御堂筋。

ベイエリア――関空、りんくう、コスモスクエア、ベイサイドモール等。

文化遺産――難波宮、四天王寺、近つ飛鳥、仁徳天皇陵、大阪城、難波宮、近代建築等。

先端スポット――キタ、ミナミ、堀江、南船場、アメ村、アベノ等。

レトロ・ディープ――新世界、空堀、道具屋筋等。

地下街――ナンバ、ウメダ、長堀、アベノ等。

⑷成熟した文明

知の集積——大学、研究機関、適塾、懐徳堂等。
文学、小説——井原西鶴、川端康成、織田作之助、直木三十五、司馬遼太郎、宮本輝、高村薫、玄月、梁石日等。
伝統芸能——文楽、歌舞伎、落語、能狂言、天王寺舞楽等。
伝統文化——華道、茶道、書道、詩吟等。
祭り、イベント——天神祭、だんじり祭り、四天王寺ワッソ、御堂筋パレード等。
国際交流——アジアとの交流の歴史、関西国際空港、国際会議場、インテックス大阪等。
スポーツ——近鉄[3]、阪神、高校野球、高校ラグビー、水泳、バレー等。
エンタテインメント——吉本、松竹、大阪プロレス、ストリートミュージシャン、城天等。

⑸満たされた暮らし

民のまち——町人文化、ＮＰＯ、コミュニティビジネス、自治都市堺等。
マスコミ——在阪キー局、一般紙、スポーツ紙等。
地域メディア——タウン誌、ミニＦＭ、FM cocolo、英字新聞、ビッグイシュー等。
コミュニケーション——漫才、大阪人の会話等。
福祉発祥の地・人権——四天王寺悲田院、民生委員制度発祥の地、リバティおおさか、授産製品等。
医療——母子センター、成人病センター、循環器病センター、総合医療センター等。
自然環境——生駒、葛城山系、里山、ブナ林、ビオトープ等。

こうして抽出された要素をステークホルダーはどのように評価しているのか、「今の大阪を語るにふさわしい項

図 4-8　ブランド資源要素の評価

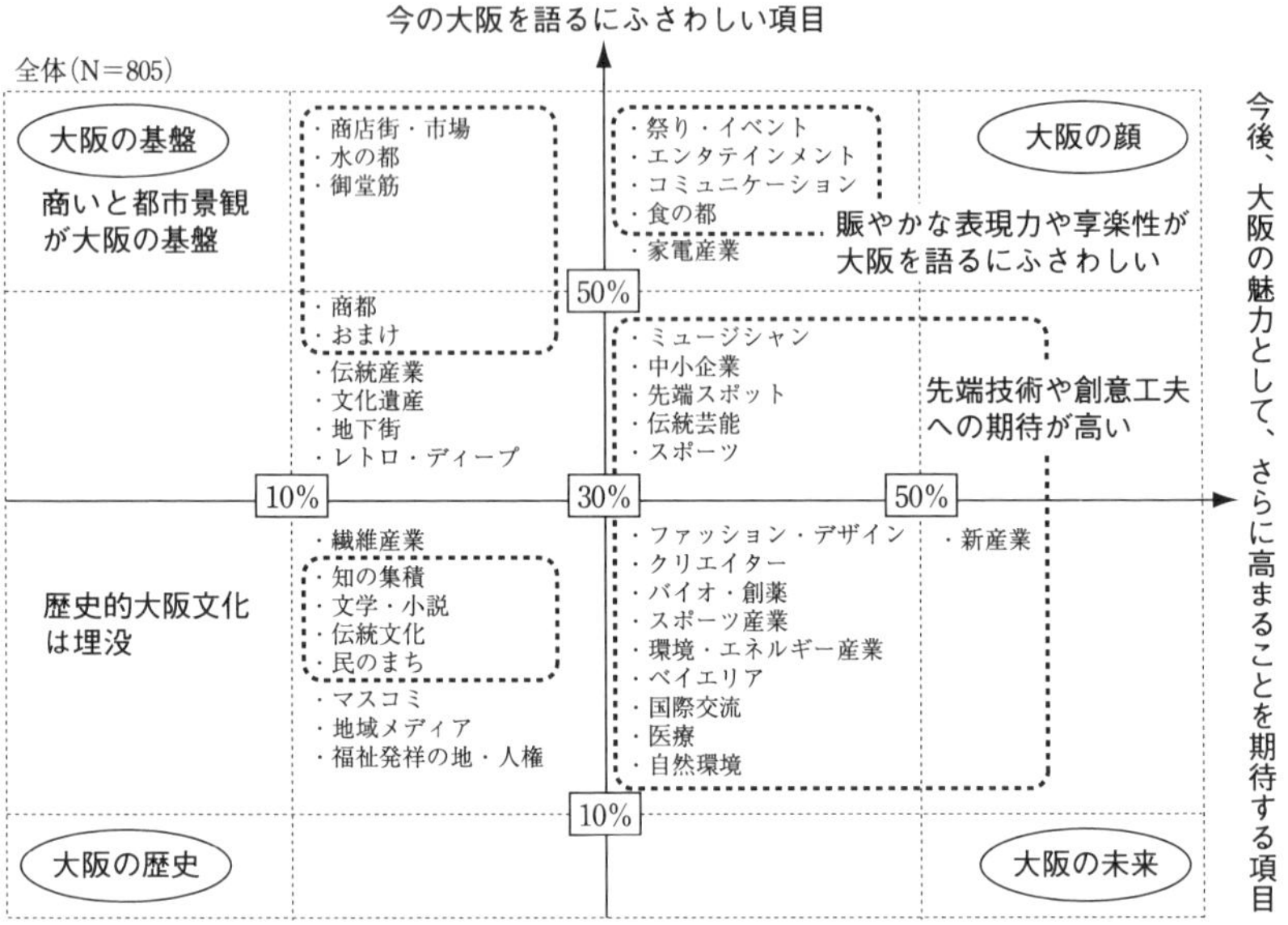

目は」「今後、大阪の魅力として、さらに高まることを期待する項目は」という二つの切り口から探ってみた。その結果、大阪のブランド資源要素は、**図４－８**に示した通り、四つの象限に分けて位置づけることができる。

(1)大阪の顔

今のふさわしさ、今後の期待ともに高い項目は、大阪人が誇りを持って推奨する「大阪の顔」資源要素である。ここには、賑やかな表現力や享楽性を示す項目が挙がっている。特に「祭り・イベント」「エンタテインメント」「コミュニケーション」の三点が、今のふさわしさとして全項目中の上位三位に位置づけられているうえ、今後への期待も高い。「食の都」と「家電産業」もまたこれらに続いて、「大阪の顔」と捉えられている。

(2)大阪の基盤

一方、現状においては大阪を語るのにふさわしいものの、将来への期待はあまり高くないと捉えられているものが「大阪の基盤」要素である。ここには「商都」を始め、「商店街・市場」「おまけ」など、商いにかかわる項目が多く挙がっている。また都市景観として、「水の都」と「御堂筋」がとりわけ大阪らしいものと捉えられている。

(3)大阪の未来

今のふさわしさに比して今後への期待が高い項目は「大阪の未来」資源要素であり、都市再生に向けた取り組みを具体化させてゆく上で重要な要素がここに位置づけられている。ここでは特に先端技術や創意工夫に焦点が当たっており、IT、ロボット、宇宙、ナノテクなど「新産業」への期待が全項目中で最も高い。その他にも、「中小企業」「バイオ・創薬」「環境・エネルギー産業」「医療」といった技術革新、また「ミュージシャン」「ファッション・デザイン」「クリエイター」「コンテンツ産業」「スポーツ産業」といったクリエイティブ産業への期待が寄せられている。伝統的な商売を超えて次世代の繁栄を模索する躍動感がここには認められる。創発的進化を繰り返してきた都市らしく、変革や革新性に対して特別の価値観が見出されるものと思われる。この点は大阪ブランドの理性コードを考察する上で重要である。

(4)大阪の歴史

最後に、現状・今後ともに低い項目には、適塾、懐徳堂など「知の集積」、町人文化、自治都市堺など「民のまち」、華道、茶道、書道、詩吟など「伝統文化」といった歴史的な大阪文化を表象する項目が含まれている。この事実は、本来貴重なブランド資源であるものの住民自身が忘却してしまったことを示すものとして看過することができない。それは大阪人が精神的基盤を見失っていることの反映と捉えられよう。

4　大阪の都市パーソナリティ評価

パーソナリティは都市とステークホルダーとの間に信頼関係を構築するためのメタファーとして都市ブランドの展開方向を示す戦略要素であるが、その抽出のために**表4－1**に示した「日本型ブランド・パーソナリティ指標」を用いた(4)。

ブランド・パーソナリティとはブランドを人格としてとらえ、その人間的な特性の連想を測定したものである。ジェニファー・アーカーらの研究によれば、日本において有力なブランドが持つパーソナリティは、「BIG5」と呼ばれる五つの主要因子に集約される。ここでは都市のイメージ特性をふまえて、BIG5のもとに次の具体的なイメージ項目を想定した。

①刺激因子：おしゃべりな・ユーモアがある・人なつっこい・元気な・愛想のよい・楽観的な・自由な・快活な・ほがらかな・積極的な・若々しい・現代的な。

②能力因子：粘り強い・意志の強い・自信に満ちた・忍耐強い・堂々とした・しっかりした・男性的な・責任感のある・一貫した。

③安定因子：子どもっぽい・寂しがりやな・平和な・おっとりした・ナイーブな・内気な。

④誠実因子：暖かい・気が利く・優しい。

⑤洗練因子：おしゃれな・贅沢な・洗練された・素敵な・ロマンチックな・上品な。

これらの三六のイメージ項目に基づいて、大阪人が大阪をどのように認識しているのかを探った結果が**表4－2**である。

表 4-1　日本型ブランド・パーソナリティ指標

Excitement	刺激因子	Talkativeness	おしゃべり	Talkative Funny Optimistic	おしゃべりな ユーモアがある 楽観的な
		Freedom	自由	Positive Contemporary Free	積極的な 現代的な 自由な
		Happiness	ほがらか	Friendly Happy Likable	人なつっこい ほがらかな 愛想のよい
		Energy	元気	Youthful Energetic Spirited	若々しい 元気な 快活な
Competence	能力因子	Responsibility	責任感	Consistent Responsible Reliable	一貫した 責任感のある しっかりした
		Determination	決断力	Degnified Determined Confident	堂々とした 意志の強い 自信に満ちた
		Patience	忍耐力	Patient Tenacious Masculine	忍耐強い 粘り強い 男性的な
Peacefulness	安定因子	Mildness	控えめ	Shy Mild mannered Peaceful	内気な おっとりした 平和な
		Naivety	ナイーブ	Naive Dependent Childlike	ナイーブな 淋しがりやな 子供っぽい
Sincerty	誠実因子	Warmth	暖かみ	Warm Thoughtful Kind	暖かい 気が利く 優しい
Sophistication	洗練因子	Elegance	上品な	Elegant Smooth Romantic	上品な 素敵な ロマンチックな
		Style	おしゃれ	Stylich Sophisticated Extravagant	おしゃれな 洗練された 贅沢な

(出所)　Aaker, J. L., Benet-Martínez, and J. Garolera, "Consumption Symbols as Carriers of Culture: A Study of Japanese and Spanich Brand Personality Constructs", *Journal of Personality and Social Psychology,* Vol. 81, No 3, 2001, pp. 492-508.

表 4-2　都市のブランド・パーソナリティ

（%，全体〔N=805〕）

		大阪	東京	京都	神戸
刺激因子	おしゃべりな	80	1	6	6
	ユーモアがある	78	2	4	9
	楽観的な	52	3	5	6
	積極的な	28	11	2	9
	現代的な	7	74	3	46
	自由な	36	23	5	31
	人なつっこい	72	0	7	5
	ほがらかな	32	1	20	8
	愛想のよい	59	2	22	6
	若々しい	8	16	2	36
	元気な	67	8	2	17
	快活な	36	9	3	13
能力因子	一貫した	4	8	22	5
	責任感のある	5	11	11	4
	しっかりした	10	12	24	9
	堂々とした	16	16	20	10
	意志の強い	21	9	32	10
	自信に満ちた	19	29	19	16
	忍耐強い	17	3	35	8
	粘り強い	28	2	23	7
	男性的な	9	7	1	2

		大阪	東京	京都	神戸
安定因子	内気な	1	8	18	2
	おっとりした	2	3	63	4
	平和な	6	5	31	14
	ナイーブな	1	10	10	6
	淋しがりやな	9	11	3	2
	子どもっぽい	16	3	1	2
誠実因子	暖かい	49	1	13	6
	気が利く	22	3	14	5
	優しい	16	2	23	9
洗練因子	上品な	1	29	72	43
	素敵な	2	11	22	45
	ロマンチックな	1	11	21	69
	おしゃれな	5	44	18	76
	洗練された	2	39	21	46
	贅沢な	3	32	19	28

大阪人は地元大阪に対してはもちろんのこと、首都東京と関西圏内で近隣に位置する京都・神戸の三都市には日頃から行き来することが多いため、明確なイメージを抱いているものと察せられる。そこで、東京・京都・神戸の都市イメージも同じ基準で取って比較対象とした。その結果、大阪人は大阪に対してきわめて明瞭な都市パーソナリティを認識しているのに加えて、他都市との違いもまた明確にイメージしていることを確認できた。

大阪の都市パーソナリティは刺激因子によって圧倒的に強く規定されている。具体的項目としては「おしゃべりな」「ユーモアがある」「人なつっこい」の三項目が

図 4-9　都市のブランド・パーソナリティ（コレスポンデンス分析結果）

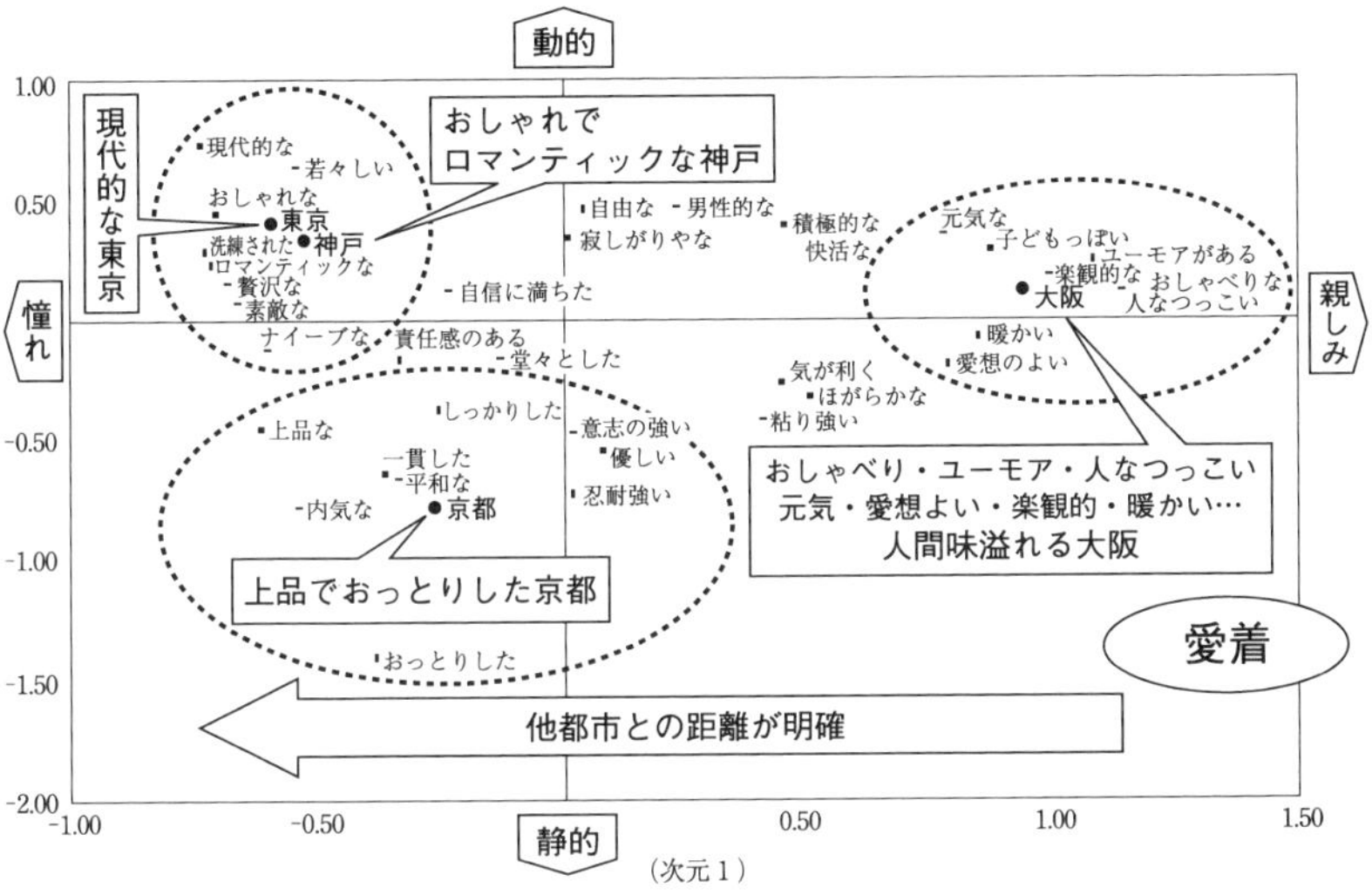

とりわけ高く、次いで「元気な」「愛想のよい」「楽観的な」、さらに「快活な」「自由な」と続く。他の因子では、誠実因子のうち「暖かい」がやや高い。逆に洗練因子や安定因子への反応はほとんど見られない。

これに対して他の三都市には、大阪とはまったく異なるパーソナリティが見出されている。

東京は刺激因子を構成する「現代的な」の項目が飛び抜けて高い。それに比べると差は大きいものの、洗練因子の「おしゃれな」「洗練された」「贅沢な」が続いている。

京都は、洗練因子のうち「上品な」、安定因子のうち「おっとりした」が高い。他には能力因子の「忍耐強い」「意志の強い」、安定因子の「平和な」にやや反応が見られる。

神戸のパーソナリティは基本的に洗練因子によって構成されている。なかでも「おしゃれな」「ロマンチックな」が特に高く、他に「洗練された」「素敵な」「上品な」が挙げられている。また、刺激因子の「現代的な」「若々しい」にも反応が見られる。

この結果をコレスポンデンス分析にかけて得られたのが**図4-9**であり、「人間味溢れる大阪」をはじめとしてそれぞれの都市パーソナリティ・イメージがくっきりと示されている。大阪人が認識する四都市のブランド・パーソナリティを人間に例えると、次のようにまとめられよう。

大阪：陽気で明るく庶民的な、親しい友人。
東京：時代の先端を行く現代人。
京都：上品だが芯の強いお公家さん。
神戸：セレブなお嬢様。

それぞれの都市の美点がくっきりと描き出されたが、大阪とその他の三都市との間には明確な距離が示されている。このことは大阪ならではの個性を示すとともに、刺激的で人間臭いパーソナリティに対して大阪人がひとかたならぬ親しみと愛着を抱いている証左として注目される。

5　大阪のコア・アイデンティティ評価

第三章でみた都市の時間および空間の両パースペクティブの交錯によって形成される都市がもたらす便益である四つのバリュー・スペースを大阪に当てはめると、次のとおり四つのコア・アイデンティティが得られる。

①めぐり逢いと交差集積の場

大阪は西日本最大の拠点都市であり、多くの人、物資、情報がめぐり逢う場である。

歴史的には幕藩時代、大坂は西廻り航路によって東北・北陸・中国地方の日本海側諸国と、菱垣廻船・樽廻船によって江戸と結ばれた日本最大の物流拠点であった。同時に懐徳堂や適塾をはじめとする学問所が発達し、全国から人材を集めて教育を行った。

大阪は有為の人材に活躍の場を与える舞台であり、多くの人材や企業が大阪から発展していった。今日では関西空港を窓口にアジアの拠点都市を目指している。

②創造と進取の地

幕藩時代の商業都市、明治から大正にかけての工業都市と、大阪はその時代の国家運営を担う先端的な都市機能をいち早く取り入れることで繁栄を果たしてきた。

進取の意気に基づいて創造的革新を実践していくことに大阪は秀でている。家電メーカーの発展、インスタント・ラーメンやレトルトなどの食品の新カテゴリ、ターミナル百貨店やスーパーなどの流通新業態をはじめ、多くの生活革命が大阪からもたらされた。

今日でも東大阪には、世界的な最先端技術を磨く中小企業が集積する。また、バイオ産業・ロボット産業をはじめとする最先端産業を育むインキュベーター（孵化器）機能を発揮している。

③歴史が躍動する複合文化都市

古代の難波津以来、大阪は一貫して国家運営の要の位置を占めてきた。多くの歴史遺産が大阪には遺されているだけではなく、千年の歴史を持つ天神祭が船渡御と花火によって水の都に夏の到来を告げるイベントとして賑わうように、今日の都市生活の中に生きている。

世界無形遺産に指定された人形浄瑠璃、坂田藤十郎の大名跡が二三一年ぶりに復活した大阪歌舞伎、上田秋成や井原西鶴の伝統を引き継ぐ文芸など、多くの文化遺産が今日の息吹を通わせて住民の生活を彩っている。

④人間らしく生きるまち

大阪はビジネス一辺倒の産業都市ではない。自然環境に恵まれた中で豊かな生活文化を享受できる、人間らし

図 4-10　大阪のコア・アイデンティティの評価

全体（N＝805）

4つの価値のうち，「大阪を表現するのにふさわしい」とお考えの項目は（複数回答）

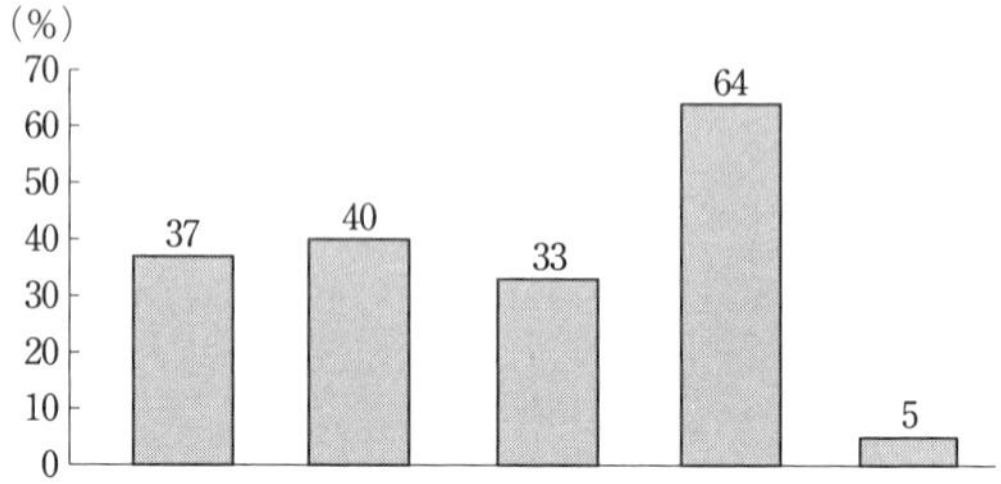

		標本数	めぐりあいと交差集積の場	創造と進取の地	歴史が躍動する複合文化都市	人間らしく生きるまち	ふさわしいものはない
全　体		805	37	40	33	64	5
大阪へのこだわり度別	積極的推奨派	255	40	44	34	71	3
	情緒的一体派	326	37	39	32	65	5
	消極的承認派	144	33	40	38	57	7
	積極的批判派	45	29	33	22	38	13

・積極的推奨派＝積極的に大阪の良いところを推奨する層
・情緒的一体派＝大阪の悪口を言われると腹が立つ層
・消極的承認派＝大阪の良いところを指摘されれば，消極的に認める層
・積極的批判派＝大阪の悪いところを積極的に批判する層

く生きるまちである。食文化や四季折々の行事に古来の伝統を生かした「生活の定式」が日常を豊穣に演出する。

人間関係を重んじる精神が商都の都市基盤に育まれて発達し、表現力に富む大阪弁を駆使して卓越したコミュニケーションがやり取りされる。

大阪人はバイタリティに富み、オープンでホスピタリティ精神をもつ。人間味に溢れる人びとが街に活力をもたらしている。

では、これら四つのコア・アイデンティティは大阪人にどのように評価されているのだろうか。「大阪を表現するのにふさわしいかどうか」という切り口から質問した結果を**図4－10**に示した。

「人間らしく生きるまち」が六四％の支持を集めてトップに立ち、その他の三項目との間に大きく開きをつけている。さらに属性のうち「大阪へのこだわり度」に注目すると、「大阪の悪いところを積極的に批判する」層から「積極的に大阪の良いところを推奨する」層にかけて、支持が高まっていく傾向が示されている。すなわち、「人間らしく生きるまち」の項目への支持は、ブランドに対する関与が強まるにつれて高まるのである。

一方、「創造と進取の地」「めぐり逢いと交差集積の場」「歴史が躍動する複合文化都市」の三項目は三〇％から四〇％台の支持に留まっている。「大阪へのこだわり度」別に見ても大きな差は無い。

この通り、コア・アイデンティティ評価においても「人間性」をとりわけ重んじる価値観が示されている。

以上、大阪住民意識調査に即して、大阪人の「わが街大阪」に対するイメージ評価を概観してきた。ここで明らかになったことは次の点である。

大阪は外部からのイメージ評価が低いが、その点に関して、①都市のマイナス・イメージでは「経済的劣位」が筆頭。②特にビジネス面での東京との圧倒的な格差を自認する。③「街の無秩序さ」もマイナス・ポイント。④大阪人のイメージには「がさつで身勝手な庶民像」が影を落とす。――といった点が注目される。大阪の都市基盤の劣化に対する自信喪失をきたした状況が示されている。

だが一方、プラス・イメージとして、①都市については「活力」「独創性」「人間味」「文化性」に優位性を見出す。②特に「歴史・伝統」を踏まえた「暮らしやすさ」が魅力。③大阪人は「活力」があり、「人間味溢れる」ことを自負する。――などの点で、大阪の都市と人とに対する深い愛着を表明する。

ブランド資源要素では、商都としての都市基盤を前提に「祭り・イベント」「エンタテインメント」「コミュニケーション」といった賑わいが重んじられる。また未来に向けては先端技術や創意工夫への期待が強い。

これらの資源に意味のまとまりを方向付けるブランド・アイデンティティを構築するための都市のパーソナリティ、及びバリュー・スペース評価では、「人間味」「人間らしく生きる」と「人間力」に焦点が当っている。

こうしてブランド戦略構築に向けた問題点と機会点が明らかになった。これらの諸点の背景分析を深めてブランド・スピリッツを抽出していくことが次の課題となる。

注

（1）木津川計『含羞都市へ』神戸新聞出版センター、一九八六年、一八ページには、大阪で起きた犯罪を報道した際、アナウンサーが個人的見解として「いかにも大阪らしい出来事でした」とコメントして物議を醸した実例が紹介されている。

（2）経緯の詳細は、第七章第二節参照。

（3）プロ野球球団の近鉄バファローズは二〇〇四年のシーズン後オリックス・ブルーウエーブと合併し、オリックス・バファローズとして再スタートを切った。

（4）Aaker, J.L., V. Benet-Martínez, and J. Garolera, "Consumption Symbols as Carriers of Culture: A Study of Japanese and Spanish Brand Personality Constructs," *Journal of Personality and Social Psychology*, Vol. 81, No. 3, 2001, pp. 492-508.

第五章　大阪のブランド・スピリッツ

大阪人はビジネスや経済の面での大阪の劣位を認め、都市基盤の機能的劣化に自信喪失を表明する。しかし一方で、食やコミュニケーションをはじめとする生活文化やそれを基盤づける歴史・伝統、そして人間味に充ちた住民が形成する人情厚い暖かいネットワークには深い愛着を抱き、誇りに思う。この愛着と自信喪失との間の亀裂がもたらすエスニック・アイデンティティの揺らぎを埋めて肯定的な方向性を指し示すために、大阪ブランドの中核をなすエートス（精神）の発見が求められる。本章ではブランド・ヒストリーなどの背景分析を進めて大阪のブランド・スピリッツを「自主独立の精神」に見出してゆく。

1　大阪人の人間性

（1）自信喪失と愛着——大阪への「ややこしい」関わり合い

前章でみた住民意識調査の結果を集約すると、顕著な特徴を二点指摘することができる。ひとつは、大阪をめぐる価値観の中心に「人間味」が位置づけられていることである。①大阪人のイメージとして「活力があり人間味にあふれた庶民の像」を強く自負する。②バリュー・スペースとして「人間らしく生きる」

への支持が高い。③都市パーソナリティもまた「陽気で明るく庶民的な、親しい友人」のように捉えられる。——といった点が特徴的である。一般には大阪より東京や京都・神戸などの方が都市イメージは高いが、大阪人は他都市のパーソナリティとの明確な差異を認めた上でなお、大阪に強い親しみと愛着を抱いている。この点で大阪人にとっての大阪はまさしく、情緒的価値や自己表現的価値を見出すブランド化した存在として身近なものとなっている。

このように都市の存在が住民の精神的領域に踏み込んで捉えられていることの反映であろうが、二点目として、大阪の街や人に対する大阪人の評価は両義的で「ややこしい」。調査のあらゆる項目において、マイナス・イメージを認める一方でプラスのポイントを挙げるリアクションも認められた。大阪に関するマイナス・イメージが定着したことによって大阪人が自信喪失をきたしていることは紛れもないが、それだけに終わってはいない。同じ論点について大阪への深い情緒的愛着を表明するし、外部からの批判に対しては感情的な反撥を示す。

梅棹忠夫は上方文化が「素朴と純情の否定」「人間精神の屈折と複雑化の肯定」を特徴とする文化主義的文化の本流であり、関東に結集する素朴主義に対峙すると指摘している。[1]「ややこしい」はそうした文化主義的文化を反映したものであり、大阪のブランド特性を考察する上での重要なキーワードである。

大阪人が認識する大阪の最大のマイナス要因は「経済的な地盤沈下」であるが、そこに「がさつで身勝手な悪しき庶民像」がまとわりついてマイナス・イメージを増幅し、自信喪失に拍車をかけている。一方、大阪に対する愛着は、人間味豊かで活力溢れる庶民が織り成す「生活文化の豊穣さ」によって表象される。ことに温かい人情と、人と人とのコミュニケーションが重んじられ、その延長で祭りに代表される賑わいやエンタテインメントへも大変親近感を持つ。

ただし、自信喪失が「経済的な地盤沈下」や「公共ルール無視」「犯罪の多さ」などの実態を背景としている上、

コラム

谷崎潤一郎が愛した大阪

『細雪』は谷崎潤一郎の数多い長篇小説の中で抜きん出て有名な代表作であり、現代の日本人が最も親しんでいる古典の筆頭である。日米開戦直前の大阪近郊を舞台に、社会と生活の全体像を美しい絵巻物の如く描き上げたこの大作は、古き佳き大阪文化を体感する上でも非常に貴重なものである。

　小説に登場する大阪の有名な商家の末裔で営まれる生活文化は大変豊穣である。花見には京都に一、二泊して、都踊りや祇園の夜桜を見物した後、平安神宮の花を愛でる。月見の夜には感想を短歌や俳句、墨絵ふうの写生に仕立てる。地唄舞は一流の師匠に就いて、自宅や百貨店ホールで会を催す。そして、オリエンタルホテルのグリル、鮨の與兵、家庭に在っては明石鯛、という食の愉しみ。

　当時の大阪では、そのような優雅に洗練された生活文化が営まれていたのである。それはまた江戸っ子である作者の谷崎潤一郎が関東大震災を機に大阪へ移住して初めて発見したものでもあった。

　大阪特有の「臭味」「イヤ味」を超えて作家が愛したもの、その肝は女性にある。「座談の相手には東京の女が面白く、寝物語には大阪の女が情がある」と谷崎は喝破している。これは抽象的な議論ではなく、ひとりの女性を念頭に置いての発言であった。

　日本古来の伝統が「生活の定式」に結晶して日常の中に生き生きと根付いている大阪文化の魅力に谷崎潤一郎を導いていったのは、根津松子という、船場に店を構える老舗の綿布問屋の御料人《ごりょんさん》様、すなわち若奥様である。その出遭いは宿命的なものであった。彼女への思慕は谷崎の創作欲を刺激し、『盲目物語』『蘆刈』『春琴抄』といった名作となって結実する。

　一方実生活においても、谷崎は松子との恋愛を深めていく。「お慕い申しております」「どのような犠牲を払っても貴女様を仕合せに致します」と思い決したプロポーズを受けたことは松子自身が回想しているが、それは小説に留まらず実生活をも芸術的に演出することに情熱を注いだ谷崎の豊かな創作欲の表れであっただろう。ドラマティックな二人の恋愛劇は、秦恒平が関係者の書簡を豊富に引用しつつ、『神と玩具との間』に纏めている。

　こうして谷崎潤一郎は根津松子と結婚するに至り、その家庭生活から『細雪』が生まれる。「もし大阪に一人でも立派な作家が住んでいたら、明治大正の間に『たけくらべ』や『すみだ川』に匹敵するような作品が一つや二つは生まれていたであろうに、それらしいものさえないというのは、これだけの大都市の恥辱であるといっていい」と松子との恋愛のさなか、「私の見た大阪及び大阪人」において指摘した谷崎が、自らの手でその実践を果たしたのである。

マスコミをはじめ外部から否定的視線を浴びせられていることも影響して確固たる構造をもつのに対して、愛着の方は情緒的な思い入れが先行して必ずしも明確な輪郭を示してはいない。その一因は愛着の背景が曖昧になってしまっていることにある。大阪人は歴史や文化の優位性を口にするものの、それを育んできた町人文化の良き伝統を忘却しているのである。大阪人が愛郷心の強いことには定評があるが、その理由を充分説得することができない点にも大阪の活力が失われている原因を見出すことができよう。

（2）エスニック・アイデンティティの揺らぎ

激しい愛着を抱きつつも、一方においてマイナス・イメージを受け入れざるをえず、自信喪失から抜け出せずにいる現状は、**図5－1**に示した通り、「エスニック・アイデンティティ」の揺らぎととらえることができる。エスニシティは本来異文化を営む異民族のあり方を指すが、日本国内においても顕著な地域差の存在はアイデンティティのあり方に影響を及ぼすものと考えることができる。とりわけ大阪のステレオタイプ的なイメージ劣化は、大阪の都市像がブランドとして人格的にとらえられていることと相俟って、大阪人を揶揄・批判する表現に結びつくことが多い。「無秩序なこわい都市・大阪に住む、がさつで身勝手な大阪人」といった外部からの視線がエスニック・アイデンティティを揺さぶる弊害を生む。ブランドの価値表現は、機能的価値を出発点に情緒的価値を育んでいき、最も深い関係性が樹立された場合には自己表現的価値を獲得するに至る。最終的にブランドは自己を表すシンボルと化すのである。大阪ブランドにおいてはこの表象効果が否定的に作用している。

アイデンティティとは、「自分が自分であることの充実感（あるいは根拠）」であり、そこには「文化的共同体への帰属の感覚」が含まれる。(2) 民族間のみならず、日本国内においても、地域は本質的な文化的共同体である。市民・NPO・行政当局、企業・投資家、観光客・来訪者・移住者といったステークホルダーは地域や都市の文化的

図 5-1　エスニック・アイデンティティの揺らぎの構図

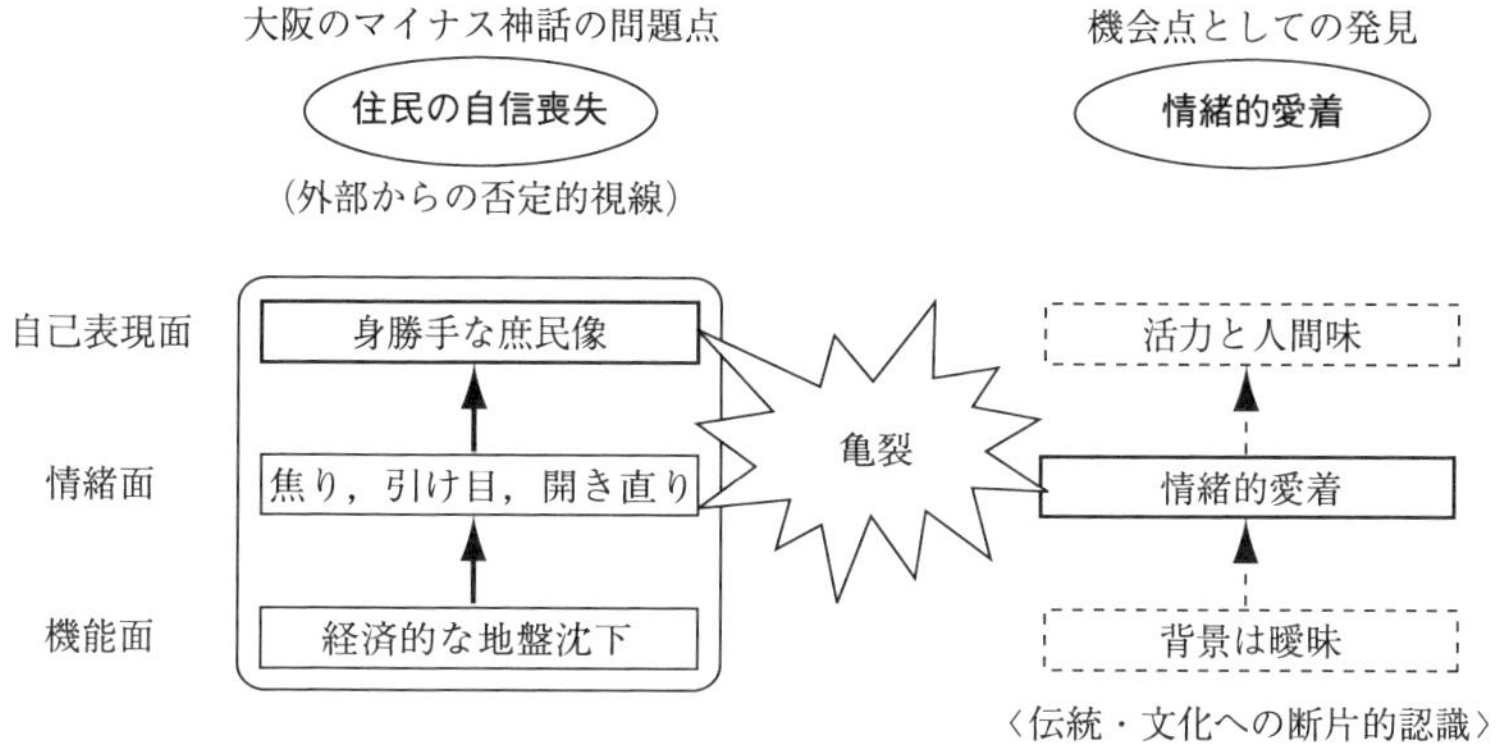

自信喪失が確固たる構造をもつのに対して，愛着は情緒面のみが突出，孤立化。

○価値・視点の固定化した「ステレオタイプの大阪」像が定着
○マスコミによる増幅と鏡像化を通じて，エスニック・アイデンティティをさらに揺さぶる。

○とりわけ愛着の具体的表現が，ビジネスに対する生活，経済に対する文化など，東京への相補的アイデンティティのレベルに留まる限り，「負け惜しみ」の域を出ず，本質的な解決には結びつかない。

（出所）　筆者作成。

特性を内面化し、自己表現の重要な一部として採用する。とりわけ、地域特性が顕著で個性的であればあるほど、ステークホルダーのアイデンティティに及ぼす影響は大きい。従って、その地域特性が否定的なステレオタイプに彩られたとき、エスニック・アイデンティティは深刻な揺らぎに直面する。このようにブランド都市における「悪魔のサイクル」が典型的に大阪を蝕んでいる。

そこで注目されるのが、自信喪失と表裏一体となって存在する深い愛着に他ならない。大阪では東京のような都市賛美の文学は生まれない。なぜなら、大阪人の大阪への向き合いは「ののしり、さげすみながら、この上なく執着するという、ややこしい形を取る」からだ、と文芸評論家の山本健吉は指摘している。[3] その意味で、自信喪失の反面における愛着の表明は、まことに大阪らしいブランド表現といえよう。

愛着とは大阪に対して深い情緒的価値を見出す行為であり、ブランド構築のための大きな機会となる。

人情に厚い人間味溢れる庶民が織り成す食やコミュニケーションを始めとする豊かな生活文化への愛着は、大阪の永い都市文化を反映したものである。

住民意識調査で明らかになった愛着の中核は、歴史・伝統の厚みを背景とする「生活文化の豊かさ」や「生活のしやすさ」である。ただそれらは一方において「経済的地盤沈下」の自覚に立ち、「仕事のスケールやビジネスチャンスの豊富さは東京」という引け目に対抗するものであった。せっかくの愛着がこうして東京への相補的アイデンティティのレベルに留まっている限りは負け惜しみの域を出ず、本質的な解決には結び付かない。愛着の背景と根拠を見極めてエスニック・アイデンティティを充足させるとともに、それをブランド価値に結実させることが求められている。

2　自信喪失と愛着の背景分析——ブランド・ヒストリーから

そこで自信喪失と愛着の背景にある要因を探るために、大阪の歴史をブランド・ヒストリーとして振り返ってみよう。

（1）経済的な地盤沈下がもたらした自信喪失

図5－2に示した通り、シィー・ディー・アイ編著『国土経営における大都市の機能と役割分担に関する研究』[4]によれば、大阪（大坂）は古代より都市の性格、機能、役割を劇的に変貌させながら、国土運営における中枢的位置付けを一貫して担い続けてきた。古代のミヤコ（古代都市）、中世の寺内町（宗教都市）、中世の終わりから近世初頭にかけての城下町（政治都市）、近世の商都（商業都市）を経て、近代の工業都市へ、という流れがその歴史の概要である。同書はこれを「創発的進化」と表現している。すなわち、日本国家が新たな歴史的段階へと突き進む

図 5-2　大阪（大坂）の都市機能の変遷

区分	時代	期間	特質	役割	象徴
第Ⅰ期	古　代	5-7世紀	ミヤコ（古代都市）	祭り事	大極殿
第Ⅱ期	中　世	1496-1580	寺内町（宗教都市）	宗教（信仰）	御堂
第Ⅲ期	中世末近世初	1583-1615	城下町（政治都市）	政治・権力	大阪城
第Ⅳ期	近　世	1615-1868	商都（商業都市）	経済	堂島米会所
第Ⅴ期	近　代	1868-	工業都市	産業	工場

（注）　他都市と違い大阪は，その性格，機能，役割を大きく変化させることによって，全国規模の中枢機能を果たし続けて来た。先行する時代に基礎を置いてはいるものの，大阪の発展は，先行する諸状況からはとても予見することの出来ない飛躍の繰り返しであった。
大阪の発展の歴史，それは進化学者 C. L. モーガンのいう「Emergent Evolution（創発的進化）」とでも名づけることができるだろう。

（出所）　シィー・ディー・アイ編著『国土経営における大都市の機能と役割分担に関する研究』総合研究開発機構，1987年，92～94ページ。

とき、それに必要な都市機能を他に先駆けて取り込み、進化してきたのが大阪（大坂）であったのである。大阪において革新性や目新しさ、そして躍動感が尊ばれる背景には、こうした都市のＤＮＡがある。

大阪（大坂）のブランド・ヒストリーを**表５－１**に示す。

近代においては、大阪は工業都市として繁栄する。大正一四年、第二次市域拡張によって成立した「大大阪」は人口・面積とも日本一の都市規模を誇り、そのもとで大阪府の工業生産額は大正一〇年に初めて東京府を上回った。そして、大正一五年から昭和一二年までの間は日本一の座を保ち、工業国家・日本を代表する顔となったのである。この時期には文化的にも、大阪へ行くのは海外の街を訪れるようだとして「大阪洋行」という言葉が生まれたくらい、モダンでハイカラな都市文化が開花する。

しかしその後、ブランドとしての大阪は永く「経済的な地盤沈下」という都市機能の劣化に苛まれてきた。それは昭和初期、戦時下経済体制への移行に端を発する。昭和六（一九三一）年に勃発した満州事変を契機に重化学工業を対象とする重要産業統制法が制定され、工業組合法の改正によって東京の主導権下に置かれることになったのである。それ以降、東京の統制力は太平洋戦争の時代を通じて強化の一途を辿る。

戦争で大阪は八回に及ぶ大空襲を受けて壊滅的な被害を受けたことも

表 5-1　大阪（大坂）のブランド・ヒストリー

時代区分	出来事とブランド戦略への示唆（○＝機会点，×＝問題点）
古代	【第Ⅰ期・古代：ミヤコ（古代都市）の時代】5～7世紀 ・奈良時代，難波は交通・物資流通の拠点として重要な役割を果たす。短期間ながら，首都が置かれたことも。
中世	【第Ⅱ期・中世：寺内町（宗教都市）の時代】1496～1580 ・浄土真宗中興の祖，蓮如が石山本願寺を設立。全国一向宗教団の本山に。本願寺を中心に都市が形成された。 【第Ⅲ期・中世末～近世初：城下町（政治都市）の時代】1583～1615 ・豊臣秀吉が石山本願寺跡に大坂城を築城。大坂を拠点に天下統一を成し遂げる。 ○国家の中枢機能：各年代を通じて大坂は，国家の中枢機能を担ってきた。 ○創造的進化：都市機能を大きく変化させることによって，日本全体の進化を先導してきた。独創性，インキュベーター機能の伝統を持つ。 ×継続性の乏しさ：半面，長期的発展性は乏しい。長期的展望やビジョンに欠ける。
近世前期	【第Ⅳ期・近世：商都（商業都市）の時代】1615～1868 徳川幕府，大坂を商業都市として再興策を講じる。 ○町人による自治：石山本願寺寺内町の時代，豊臣家城下町の時代から一定許されていた町人による自治が本格化する。自主独立の精神が大阪の精神的基盤を形成する。 ・「天下の台所」：商都（商業都市）として繁栄する。 ・金融都市としても繁栄する。 ・経済的繁栄を背景に，文化・芸術が開化する（元禄文化）。 ・18世紀半ば以降，町人による学問が発達する。 ○町人文化：近世初期，商都の繁栄を背景に，高度な町人文化が開化する。
近世後期	・18世紀後半以降，繁栄に陰りが生じる。 ・幕末の大坂は，無秩序な混乱状態に。 ×大坂経済の衰退：近世後期，商品経済の進展により，物流における大坂の独占的地位が崩れる。大坂は沈滞し，混乱状態に陥る。
明治	【第Ⅴ期・近代：工業都市の時代】1868～ ・明治初年：大阪経済は疲弊。 ×経済的疲弊：幕府・政府の御用金政策によって，商人の疲弊が募る。 ・五代友厚，大阪経済の復興を先導。 ・明治20年代以降，軽工業都市として発展。
大正	・1914（大正3年）：第一次世界大戦を機に，重化学工業も活性化。 ・大正時代，大大阪の発展。 ○工業都市の繁栄：「東洋のマンチェスター」「煙の都」と，近代国家を代表する工業都市として繁栄した。 ○モダン都市文化の開化：経済的繁栄を背景に，文化も活性化。谷崎潤一郎の文学や大阪歌舞伎など伝統文化の一方で，片岡敏郎・岸本水府の広告クリエイティブに象徴されるモダン都市文化が発展。 ×都心の文化的空洞化：工業都市としての発展は，「煙の都」と呼ばれる居住環境の悪化を招く。船場では職住分離が進み，旦那衆が芦屋など郊外へ移住した結果，都心部の文化的空洞化が進行する。

昭和戦前	・昭和初期以降，戦時体制へ移行。東京中心の経済統制が進み，大阪の経済的な地盤沈下が目立つように。 ×経済的な地盤沈下の「制度化」：戦時体制下に成立した経済統制は，中央政府＝東京の主導力を強化。大阪の経済的な地盤沈下を「制度化」する役割を果たした。 ・1945（昭和20年）：３月13日以降，８回で及ぶ大空襲で市内は焼け野原に。人口は昭和19年12月の243万人から，110万人に激減。
昭和戦後	・戦後復興から高度経済成長への過程で，東京一極集中がさらに進行した。 ×東京一極集中の進行：戦後も政府＝東京主導の体制が継続。東京一極集中のもと，大阪の経済的な地盤沈下はさらに進行。 ・重化学工業への産業構造転換策が逆効果・弊害をもたらした。 ・昭和30年代，大阪はマスコミによる〈文化のテロル〉を浴びる（木津川計）。 ×ステレオタイプの大阪像：「がさつな庶民像」を中核とする大阪のステレオタイプはあまねく浸透し，大阪人自身をも毒するに至る。 ・東京一極集中の動きは，マスコミにおいて特に顕著。 ×情報発信力の弱さ：大阪の情報発信力低下は，大阪のニュースがローカル化するとともに，東京でステレオタイプ化した大阪の像が全国発信される弊害を生んだ。 ・東大阪に象徴的なように，独特の技術力を持つ中小企業が発展。 ○中小企業の活力：創意工夫を生かした独創力が集積。大企業の組織力が支配する東京に対して，大阪はより個人の力を生かせる中小企業にウエイトがある。

（出所）『新修大阪市史』同編纂委員会，1988〜1998年，などを参照して筆者作成。

悲劇的だったが、戦後も戦時体制を継続して中央集権体制がさらに強化されたことが事態を決定的なものにした。シャウプ税制によって税金は中央政府のコントロール下に置かれ、近代管理国家体制のもとで財政投資が行われるようになる。大阪の経済的地盤沈下はこうして「制度化」されたのである。戦後復興から高度経済成長にかけて、政府のおかれた東京への一極集中があらゆる面で進む一方、大阪は財源不足の中で流入人口が膨らみ無計画な都市開発が行われ、東京との格差は広がることとなった。

このような戦後の都市基盤の機能劣化に対する大阪人のリアクションはどうであったか。梅棹忠夫は、「文化都市から下司の町へ」という厳しい問題提起を行っている(5)。

社会性も文化性も身につけた高度な町人文化は戦災で消失してしまい、戦後はその裏側の姿勢が前面に押し出されるに至った。そして、自制心を失った経済主義が横行し、短期的・実際的成果のみを追求するため、すべてが金に収斂して文化性が欠落した「下司の町」に堕落した、というのである。大阪人の自信喪失はこうした事情を背景として定着したものであろう。すなわち、経済的な地盤沈下によ

コラム

大阪文化の三つの表れかた

木津川計は『文化の街へ』で大阪の文化的特質を、①宝塚型文化—華麗な都市の装い—、②河内型文化—土着的庶民性—、③船場型文化—伝統的大阪らしさ—、という三つに類型化した上で、船場型文化の衰退と河内型文化の根強いしぶとさを挙げて、「大阪の都市グレード、その低さは実に三類型の一つでしかない河内型文化で大阪文化を代表させられたことに因る」と糾弾している。

こうした文化表現の成立は実は意外に新しい。

明治から大正にかけて工業都市として栄えた大阪では都心の住環境が悪化し、船場の商家で阪神間に住まいを移す職住分離が進んだ。これに伴って「旦那衆の文化」、すなわち町人文化の粋が大阪から流出、阪神間モダニズムに受け継がれる。

同じ時期、小林一三率いる阪急グループが宝塚文化を切り開いてゆく。都市側にターミナル百貨店、郊外側に温泉や遊園地、少女歌劇など娯楽施設を配し、私鉄沿線を一つの生活文化圏として総合的に開発したのである。

同様の戦略は阪急だけではなく、南海、京阪、大阪電気鉄道（現・近鉄）などの関西私鉄の経営を特色づけてゆく。これに応じて都市経済の担い手であるホワイトカラーたちは生活の拠点を郊外に構えていった。

これらの動きの反動として大阪都心の文化は、店を守る丁稚や地方から流入してきた工場の労働力をその担い手として庶民的色彩を濃くしてゆく。大坂を自治運営してきた「町人」から街の主役が入れ替わったのである。

大阪の新興庶民層が支持した娯楽に吉本興業の笑いがある。エンタツ・アチャコがコンビを結成した昭和五（一九三〇）年以降、大阪では漫才が笑芸の主流として君臨する。一定の文化的素養を必要とする落語より即物的な漫才の笑いが受けたのである。今日、「庶民」と「笑い」は大阪を語る上で欠かせないキーワードと捉えられがちであるが、実はその成り立ちはこの通り比較的新しい。

大阪再生に向けて、大阪文化の粋を見直すことが不可欠である。そのためにちょっとした補助線を引いてみよう。

阪神間や宝塚は兵庫県であるが、もともと幕藩時代には船場をはじめ大阪都心と同じく摂津の国に属していた。人びとの移住は文化的親和性を前提としてのことと見ることができる。そこで今日の行政の境を取り払って自然な生活文化圏の中で大阪を捉えなおすのである。すると、町人文化の粋を引き継ぐ日本有数の上流階級の文化としての「阪神間文化」、及び宝塚を象徴として、北摂、京阪間、奈良などに広がる中流の都市生活者の文化としての「私鉄沿線文化」をともに大阪の山手文化と捉えることができる。「コテコテの大阪」とはまったく異なる、船場型文化を引き継いだ上質の生活文化圏がそこにはある。

って大阪の存在意義が薄れる、という都市の機能劣化がブランドとしての情緒的価値に揺さぶりをかける。「東京に負けたくない」という焦りや、「しかし経済的劣勢が募る一方だ」という負い目、やがては開き直り、といった否定的な情緒がブランドにつきまとっていく。「がさつで身勝手な庶民」としての自己表現価値はそのような過程を経て、大阪人の自信喪失が進むに至ったものと考えられる。

また、東京一極集中はマスコミにおいてとりわけ顕著だったので、大阪から発信する情報が「ローカル化」して影響力を低下させるとともに、東京でステレオタイプ化された、歪んだ大阪像が全国へ向けて発信され定着する弊害を生んだことも見逃せない。この点について木津川計は、「猥雑」「がめつい」「ど根性」といった大阪人のステレオタイプをマスコミによって仕掛けられた「文化のテロル」だとして糾弾している。[6]

以上のように、昭和初期以降の八〇年に及ぶ大阪は、都市のステークホルダーに自信喪失をもたらす歴史の積み重ねであったと言えよう。

(2) 町人文化への誇り

これとは逆に大阪が都市として国家の中枢機能を担って繁栄していた時代には、経済だけではなく文化的にも豊穣な実りがもたらされ、住民にアイデンティティの実感と誇りをもたらした。戦前の工業都市としての繁栄を背景とするモダン都市文化については近年、再評価が進みつつあるが、[7]大阪文化の基盤を形成するものは近世前期、「天下の台所」と呼ばれた商都において結実した高度な町人文化である。今日、大阪人の多くはその仔細は忘れ去られてしまっているものの、大阪人が深い愛着を表明する大阪ならではの美点は、実はこの町人文化に由来する。

この時代の大坂は菱垣廻船・樽廻船によって江戸と、西廻り航路によって日本海側諸国とそれぞれ海運を通じて結ばれ、全国物資の集散地としての機能を発揮する。全国の大名は自国の物産を取引するために大坂に蔵屋敷を構え、堂島の米市場、天満の青物市場、雑喉場の魚市場から成る大坂の三大市場を通じた売買が盛んに行われた。こうした商品経済の発展を背景として社会的地位の向上を得た町人は、活躍の舞台を経済の領域にとどめることなく、社会的・文化的にも拡げていった。ことに豪奢を極めた元禄文化は大坂の町人文化の豊穣な実りであり、井原西鶴の浮世草子（小説）、近松門左衛門や竹本義太夫の浄瑠璃、小西来山の俳諧、歌舞伎などが一八世紀前半、大坂を舞台に開花する。一八世紀半ばになると後述の懐徳堂を拠点として町人の学問が大きな成果を挙げ、その伝統は幕末の適塾へと繋がってゆく。大坂町人は浪費を慎む一方で芸術や学問への投資は惜しまず、それらを育て上げて都市に文化的な実りをもたらしたのである。こうした時代の大坂はまことに愛着を抱くに足る、誇らしい都市であったに違いない。

ひるがえって、繁栄から遠ざかってしまった現在の大阪は、その記憶が薄れた結果として愛着を自信喪失が凌駕し、都市の活力が損なわれてしまっている。この点の価値転換を促すことこそブランド戦略の使命であるが、そのためにはブランド・ヒストリーを貫くエートス（精神）を確認し、そこから出発する必要がある。

大阪が創発的進化を遂げてきたという事実は、換言すれば前代に得た成果が壊滅的被害を受ける歴史の繰り返しであったことに他ならない。ミヤコの時代の難波宮は焼失し、中世、寺内町の時代の石山本願寺も織田信長の攻撃によって焼失した。さらに城下町の時代における大坂城もまた徳川家康の攻撃で炎上し、豊臣家は滅亡した。商都の繁栄も、経済システムや流通構造の変化、度重なる御用金や大名貸しによって疲弊が募り、幕末期の大坂は無秩序な騒乱状態に陥った。

こうした視点からすれば、今日の沈滞は工業都市として栄えた時代の矛盾が噴出した結果と捉えることができる。とりわけ「煙の都」と称された生産効率の過度の追求が居住環境の悪化を招いて、都心の文化的空洞化をもたらした弊害は大きい。今日、かつての町人文化の精髄が忘却されてしまった原因としては、その中心的存在を担ってきた船場から旦那衆が郊外へ移住し、実体が薄れたことが挙げられる。さらに、社会環境が工業化社会から知識・情報社会へと推移しつつあるいま、大阪再生は都市機能そのもののパラダイムチェンジに基づくものであることが求められよう。

しかし、繁栄と衰退を劇的に繰り返しながら、大阪（大坂）は一貫して国家の中枢機能を担ってきた。そこには都市としての本質的なたくましさがある。そしてそれを支えるものこそ、「お上」を頼らずすべて自前でまかなう、住民による自主独立の精神に他ならない。

（3）自主独立の精神の再評価を

大阪における自治の歴史は長い。既に中世、石山本願寺の時代から認められていた町人による自治は、豊臣家城下町の時代を経て、近世商都の時代に全面的に開花する。道頓堀開鑿を初めとするなど都市開発（ハード面）から懐徳堂などの哲学（ソフト面）まで、大坂は住民の力によって街を作ってきたのである。

郷土大阪への深い愛着は、自主独立の精神に基づく自治によって街を繁栄させてきた住民の自負を背景としている。ところが、経済的地盤沈下を気に病む今日においては、その本来の来歴と誇りが忘れ去られてしまい、裏側の悪い側面が目立つようになってしまった。それが「身勝手」である。住民意識調査の大阪人のイメージにおいて、大阪にこだわりの強い層が大阪人の美点を「活力ある人間味」として推奨するのに対して、大阪を積極的に批判する層は公共道徳心の低さや目先の損得しか考えないこと、自分勝手なことを取り上げて、「身勝手な人間性」を糾弾していた。「ほっといてくれ」という捨て台詞とともに安易な開き直りに走る姿勢こそは、梅棹忠夫が糾弾する「下司」の心性に他ならない。ただ同時に、それが愛着の背景にある自主独立の精神と表裏一体の関係にあることを考慮する必要がある。

昭和初期から八〇年にも及ぶ経済的な地盤沈下の時期は、大阪が自主独立の精神を優位に発揮できず、東京追随に甘んじてきた歴史と捉えることができる。東京一極集中が進む中で、大阪人は自治の対象を身近なところにのみ留めて、後は「こっちは勝手にやるから、ほっといてくれ」と身勝手に開き直る習性を身に付けてしまったのである。ひったくりなどの犯罪の多さや交通ルール無視に代表される公共道徳心の低さこそ、身勝手さの中でも最も悪い表れ方であろう。

「自主独立の精神」こそが大阪のアイデンティティ構造の中心に位置付けられる大切なエートス（精神）に他ならない。大阪再生のためにはこのエートスをステークホルダーが自覚し、ガバナンスの中枢に据えていくことが不可欠の要件となる。核ができて初めて豊富なブランド資源群を統合していく原動力が形成されるのである。この意味において大阪の自主独立の精神をシンボリックに表象する存在として、懐徳堂をブランド・ヒストリーの中に見出すことができる。

3　懐徳堂――自主独立のブランド・スピリッツのシンボル(8)

(1)　近世大坂の学問の伝統

大阪には祭り・イベントやエンタテインメント、コミュニケーションからバイオ、ロボットの新産業まで、豊富なブランド資源要素があり、さらにそれらの魅力を高める活動が行われつつある。しかし、それだけでは充分ではない。

ブランドとは送り手と受け手との間に「意味の絆」を取り結ぶことによって価値を創造し、両者に能動的な関係性を樹立するためのネクサスである。従って、他都市に対して差別優位性を表現する資源がいくら豊富にあっても、それだけではブランドにはならない。それらの資源の価値を統合して方向づける求心力としてのブランド・スピリッツが不可欠である。とりわけステークホルダーの自信喪失が愛着を上回って都市の活気が損なわれている現状にあっては、「ルネッサンス」（魂の復興）による根本的な価値転換が最優先課題となる。

今後、経済・産業や文化、社会・生活の各分野でのファンダメンタルを「知る」「磨く」「語る」ことを通じてムーブメントを起し、大阪再生を支援するためのブランド・スピリッツを具体的に体感する上で、ここでは懐徳堂の存在に注目したい。それはまた、忘れ去られつつある大阪町人文化の精髄を表現するものでもある。

大阪のブランド資源要素を再発掘する試みの一つである「学問所・町人塾パネル」が明らかにしたように、近世の大坂には優れた学問の伝統があった(9)。

例えば、石田梅岩の石門心学は、手習いや算盤に加えて銭相場や米相場などの商業実践教育を行うとともに、商人が利益を上げることは道理にかなう、商人の天職は社会に仕えることだと説いて企業倫理や企業の社会的責任にも言及し、商人道の確立と商業経済の理論形成に大きな役割を果たした。

また緒方洪庵が開設した適塾では、原書による研究と翻訳を通じて西欧の文明・技術の吸収が試みられた。そのため、元来の医学校の枠を超えて、兵法家、砲術家、博物学者、化学者など、蘭学を志す者が幅広く適塾で学び、福沢諭吉をはじめ、大村益次郎、佐野常民、箕作秋坪、橋本左内、大鳥圭介、長与専斎、高松凌雲など、幕末から明治にかけて近代日本の形成を担う人材を数多く輩出した。

そうした中にあって、近世における商都の繁栄の精神的基盤を形成した懐徳堂の存在は大きい。

ブランド・ヒストリーの分析を通じて明らかになった通り、大阪の歴史を貫くエートスは「自主独立の精神」であった。しかし、それが裏側の悪い面に焦点を結ぶと「身勝手」となり、「ほっといてくれ」という捨て台詞に象徴されるガバナンスの欠如を招く。現状において大阪のマイナス・イメージを形成している最大の弊害である。これに対して、大阪の「自主独立の精神」に大阪人自身が肯定的フレームを与えることによって都市のガバナンスを支えた実績がかつては存在した。それが懐徳堂である。

（2）町人としてのイデオロギーを追求する

懐徳堂は享保九（一七二四）年、大坂の有力町人によって創設、運営された学問所・教育機関である。明治二（一八六九）年、幕末から明治維新にかけての混乱によって閉鎖を余儀なくされるまで一五〇年近くに亘って、特定の学説にとらわれない自由で批判精神にみちた学風を形成し、独創的で先見的な理論を輩出した。ことに、五井蘭州が朱子学によって形成した学問的基盤を引き継いだ中井竹山・履軒兄弟が活躍した寛政期には、日本随一の学問所と評される豊かな成果をあげた。

中井竹山は『草茅危言』によって儒家的文治主義的理想に基づく武士批判を展開した。中井履軒は虚構の装置・「華胥国」に拠って現実世界とそこに生きる自己を相対化し、ラディカルに批判した。こうした学問教育から独創的な町人学者が輩出した。特に、「加上の法則」や「三物五類の法則」など従来の認識を転換させる独創的な方法論を提唱した富永仲基、『夢の代』によって実証的合理主義を説き、経済政策を論じた山片蟠桃、独自の貨幣論を展開した草間直方の三人が有名である。

懐徳堂が志向したものは、商人や町人としてのイデオロギーの追求であり、存在意義の主張であった。近世のこの時期、支配階級である武士の倫理規範に対して、貨幣経済の発展を背景として力をつけつつあった商人のそれはまだ確立していなかった。人口の九割以上を町人で占める大坂にあって、当時の大坂人はそれを自らの手で創造することに取り組んだのである。

近世の幕藩体制の時代にあって商業の正当性を追求し、商人の存在意義を主張することは、今日考えるほど容易な行為ではなかったに違いない。それはまったく未分化の分野を開拓することに他ならないため、伝統的思考や身分制度を始めとする社会的制約の強い抵抗を受けたものと察せられる。すなわち、懐徳堂の精神には進取の意気が凝縮されており、創発的進化を目指す革新志向が漲っているのである。なにより、自らの存在基盤に関わることを自らの力量でやり抜いた点に、「自主独立の精神」の優れた発露が見られる。それは最も上質な意味での「大阪らしさ」を表象するものであろう。

こうした意味で懐徳堂の精神こそは、今日、大阪再生を支えるブランド・スピリッツの中核に据えるにふさわしい。大阪人のエスニック・アイデンティティに対する自信と誇りを取り戻すための価値規範が、そこには豊富に見出されるのである。

改めて整理を行うと、次の四点が大阪のブランド・スピリッツを実践するものとしてとりわけ重視されよう。

①自主独立の精神　懐徳堂の存在そのものが、自主独立を表象している。官許ではあるが、基本的な運営は町人による。学内は平等で、学生相互の自律・自助が重んじられた。とりわけ、自主独立の精神を町人としての規範に発展させ、ガバナンスに結実させた点を学ぶべきである。

②町人の徳の追求　商人の徳を重んじる道徳教育を通じて、町人の視点から「人の道」を追求した。今日の大阪人は「庶民」としての自己像を重んじるが、これは両刃の剣であって、官僚支配に対する自己主張に根拠を与える一方で安易な開き直りを招く弊害を伴う。「庶民の活力」に対して「あつかましい」とか「公共道徳心が低い」とかいった否定的側面が濃い影を落とすのはそのためであろう。「徳」の視点を据えることで、町人本来の美点を見直したい。

③批判精神　中井竹山『草茅危言』、中井履軒「華胥国」に象徴的に示されるように、支配者思考への対抗から

出発した学問は、権威への批判と変革へのエネルギーを本質的に内包している。健全な批判は価値観の硬直を防ぎ、既成のしがらみにとらわれない自由な思考を導く。その発揮は、良い意味でのナンバー2都市において効果を発揮する「やんちゃ」な展開の基盤を構築する。

④独創性・創意工夫の重視　批判精神はまた、独創性の重視、創意工夫の発露を具現化する。創意工夫に対する大阪人の自負と期待は、東大阪の中小企業やバイオ、ロボットなどの技術革新、クリエイティブ産業への発展、あるいは芸術やエンタテインメントにおける表現と多岐に亘っている。それは創発的進化を遂げてきた大阪ならではの価値であり、大阪が国家運営に対して担う重要な役割を示すものである。

そして何より、商人や町人の存在意義を自ら作り出そうとした気概を忘れることができない。

しかし残念なことに、こうした懐徳堂の精神は今日の大阪人には忘れ去られてしまっている。これではいくら文化優位を主張しても説得力をもたないばかりか、自らの自信回復にさえ寄与するところをもたないであろう。大阪ブランド戦略の展開は大阪人の「ルネッサンス」（魂の復興）から始まる。そして、懐徳堂の精神こそはその原点に位置づけられるものに他ならない。

4　大阪のガバナンス能力

（1）権限委譲と財源確保に基づく地域主権の実現

大阪人が身勝手さを脱して自信と誇りを取り戻すためには、東京への後追い意識を払拭して、国家の将来像を切り開く創発的進化こそ大阪（大坂）が歴史的に果たしてきた役割であることを思い起こすことが必要であり、その結実として大阪本来の自主独立の精神を国家運営の中枢を担うガバナンスとして発揮することが求められよう。この意味で今日の地域主権を模索する流れは、大阪のガバナンス能力を磨く上で絶好の機会を提供するものと考えられる。

政治経済の中央集権体制のもと、財政投融資が中央政府主導で行なわれた結果、東京一極集中が進行すると同時に、地方の「ミニ東京化」が進展した。東京中心の価値観が日本全国を覆い尽くしたのである。そうした中にあって強い個性を保ち続けてきた大阪の街と人とにステレオタイプ的なマイナス・イメージがつきまとって離れないことは、東京の価値に従わぬ周縁に対する中央からの揶揄と解釈することもできよう。

東京一極集中は世界的に見ても中央集権国家として二〇世紀における国家運営の類型を示すものであったが、近年のグローバリゼーションの急激な進展は新たな局面を切り開きつつある。神野直彦が指摘するように、市場経済が国境を越えてボーダレス化した結果、国民国家が動揺を来たし、人びとはアイデンティティを希求して地域社会への帰属意識を強めつつある。また、工業社会から知識・情報社会への移行が進む中、工業都市として発達してきた地域社会の疲弊が目立ち、その再生が急務となっている。この点でヨーロッパでは、工業の衰退によって荒廃した都市を人間の生活の「場」として再生させる「サステナブルシティ（持続可能な都市）」の試みが成果を挙げつつある。(10)

こうしたヨーロッパにおけるリージョナリズムへの移行を見据えて、日本でも地域主権体制に対する注目が集まってきている。地域主権とは、地域の個性やアイデンティティを重んじて、広域自治体に自立的権限と責任、そして財源を国家から移譲することを指す。国家全体の成長を強力に推進した中央集権体制に代わるガバナンスとして、成熟期において地方固有の課題に密着したソリューションを実現できる点が期待されているのである。

再開発の進みつつある中之島。

地域主権確立のための基本条件は、「権限委譲」と「財源確保」である。

権限移譲に関しては「地方分権一括法」において、国と地方との役割分担適正化のために、国から地方へ、権限と財源を移譲することが提唱されている。そのための指針が「補完性の原理」であり、トップダウンからボトムアップへの転換が目指されている。すなわち主体はあくまで基礎自治体に置き、そこで解決できない問題についてのみ、広域自治体や国が対処しようとするものである。

一方、財源確保は「三位一体の改革」による実現が基本となる。すなわち、国からの補助金の削減、地方交付税の見直し、国から地方への税源移譲である。ヨーロッパで成果を挙げている都市再生は財政上の自己決定権獲得が必須の要件となっており、財源確保の意義は大きい。

かつて江戸幕藩体制下において、商都として栄えた大坂に蓄積された富に着目した幕府がしばしば御用金を課したことが大坂の疲弊を招く一因となった。また明治維新に際しては大名貸しが回収不能となり、多くの大坂商人が倒産の憂き目を見た。これらは大坂にガバナンスが欠落していたことの象徴的な事例である。今日においても税収入はいったん中央政府に集約してから配分する方式が採用されており、大阪の住民の納める税金は三割弱しか大阪のために使えない状況が続いている。

大阪のことは大阪で自己決定し、自己責任を負う地域主権体制はこうした偏頗を解消し、大阪に活力を取り戻す大きな機会である。その実現を目指して前向きなガバナンス能力の発揮が求められている。

（2）大阪における地域主権模索の動き

こうした動きを踏まえて、近年、地域主権によって大阪（あるいは関西）を活性化させるための提案が、地元の行政や財界から相次いでいる。

大阪市は道州制の導入を前提にまず「州」を設置し、国の地方支分部局が有する広域計画・調整機能も一本化したより実効性のある広域自治体として、広域的な計画と調整を通じて地域としての統一性を確保することを提言している。同時に新たな「指定都市」制度を採用して、市域内の行政を一元的に実施、市民ニーズに即した行政サービスを効率的に実施することを提唱する。[11]

大阪府は、大阪府に代わる新しい広域連合として、大阪都市圏全体にわたる計画・政策策定、広域的見地からの事業実施など広域行政を総合的、一元的に実施する目的で「大阪新都」の設置を提案している。[12]

さらに、関西経済連合会・関西経済同友会・関西経営者協会・大阪商工会議所・京都商工会議所・神戸商工会議所の六団体が共同設置した関西分権改革研究会は「産業再生」を最優先課題として「関西地域の産業戦略」の策定と実行を担う「関西州（産業再生）特区」の設置を提起した。[13]

このように、地域主権を大阪から実践していこうとする動きが広がりつつある。大阪における地域主権の在り方としてどのような形態がふさわしいのかについては、まだ議論の余地が残っていよう。ただ、地域固有の施策を講じるという点では、大阪は都市としての社会・経済規模が大きい上に個性が明確であり、先行モデルを作るにふさわしい条件が整っている。歴史的創発都市・大阪は、日本においてリージョナリズムを本格的に確立するための絶好のポジションを占めているのである。そのためにはステークホルダー志向の「ネットワーク型リージョナリズム」のガバナンス・スタイルの実践が不可欠となる。

このような地域主権の確立は、東京一極集中の「負の遺産」を払拭し、大阪のブランド・スピリッツである「自主独立の精神」に基づく魅力的な都市運営を実現する絶好の前提条件である。そして、その前提条件をふまえて豊かに展開されるムーブメントこそ、〝ブランド創造都市〟を目指すダイナミズムに他ならないのである。

注

（1）梅棹忠夫『日本三都論』角川書店、一九八七年、五〇～五一ページ。
（2）中村雄二郎『術語集』岩波書店、一九八四年、三ページ。
（3）山本健吉「解説」山崎豊子『しぶちん』新潮文庫、一九六五年、二二五ページ。
（4）シィー・ディー・アイ編『国土経営における大都市の機能と役割分担に関する研究』総合研究開発機構、一九八七年、九二～九四ページ。
（5）梅棹忠夫、前掲書、一六一～一七一ページ。
（6）木津川計『含羞都市へ』神戸新聞出版センター、一九八六年、七三～一二八ページ。
（7）二〇〇五年、次の二冊の研究書が相次いで刊行された。橋爪節也編『モダン道頓堀探検――大正、昭和初期の大大阪を歩く』創元社、二〇〇五年。橋爪節也『モダン心斎橋コレクション――メトロポリスの時代と記憶』国書刊行会、二〇〇五年。
（8）懐徳堂については、次の著作を参照した。テツオ・ナジタ（子安宣邦訳）『懐徳堂――18世紀日本の「徳」の諸相』岩波書店、一九九二年。脇田修・岸田知子『懐徳堂とその人びと』大阪大学出版会、一九九七年。宮川康子『自由学問都市大坂』講談社、二〇〇二年。
（9）学問所・町人塾パネル「学問所・町人塾が育んだ大阪人の先取の精神――今もなお大阪に息づく学問と知識の伝統」大阪ブランドコミッティ、二〇〇六年。
（10）神野直彦『地域再生の経済学』中央公論新社、二〇〇二年、三～一八ページ。
（11）大阪市大都市制度研究会「新たな大都市制度のあり方に関する報告」二〇〇三年。
（12）大阪府地方自治研究会「大阪都市圏にふさわしい地方自治制度（最終報告）」二〇〇四年。
（13）関西分権改革研究会「分権改革における関西のあり方」二〇〇五年。

第三部　大阪ブランド・ルネッサンスの展開

なんばパークス

都市ブランドの理論スキームと大阪ブランドの現状分析をふまえて、大阪ブランド・ルネッサンスの全体像がいよいよ本格的に展開される。それは二つのステップからなる。〝ブランド創造都市〟大阪のアイデンティティを明らかにすることと、大阪ブランドのムーブメントを創出するマネジメント・システムの構築である。

第六章　大阪のブランド・アイデンティティ

本章では〝ブランド創造都市〟大阪を方向づけるブランド・アイデンティティを提案する。ブランド・アイデンティティはブランド・スピリッツに基づいてブランド戦略の展開指針を示すものであるが、都市イメージが悪い大阪においては価値転換を促すために、ブランド・アイデンティティ表現の中核に新たな価値を強調するための舞台である「ブランド・アリーナ」を設定し、コンセプトとして〝Brand-new Osaka: カオスモスシティ〟を定式化する。これをネクサスとしながら都市のバリュー・スペースを踏まえた四つのコア・アイデンティティを構築した上で、都市ビジョンへの展開を考察していく。

1　ブランド・アイデンティティ構築の前提

（1）大阪ブランド戦略の課題認識

大阪再生を目指す都市ブランド戦略の構築は、大阪を〝ブランド創造都市〟として再定義することによってもたらされる。それは市民・NPO・行政当局、企業・投資家、観光客・来訪者・移住者といったステークホルダー間の絆やリレーションシップのあり方を集約して表現するシンボルを介して意味創造を働きかけ、大阪に関与することに対する自信と誇りを呼び起こしていく行為に他ならない。

大阪の活性化に向けた最大の課題は、住民のエスニック・アイデンティティの揺らぎを解消することにある。大阪には豊富なブランド資源が存在するばかりではなく、住民の多くが郷土に対して深い情緒的愛着を抱いている。にもかかわらず、外部から見る街と人とのイメージが極度に悪いためにステークホルダーが自信喪失を来たし、都市運営に沈滞をもたらす弊害が解消されていない。この現状を見据えて、大阪への愛着の正当性を理解した上でさらに肯定的に深めていくためにそれを可視化し、価値観の共有を推進することがブランド戦略の課題となる。

現在につながる大阪の経済的な地盤沈下が昭和初期の国家政策に端を発するものだとすれば、すでに八〇年もの間、大阪は都市機能の劣化に苛まれてきたことになる。現在の大阪人の大半は、繁栄する大阪を自身の体験としてもっていない。せっかくの愛着が自信喪失に凌駕されてしまって自己表現レベルに高まっていかない実態の理由はここにある。この齟齬を乗り越えるエネルギーがブランド戦略には求められるのである。

安定的なアイデンティティは、歴史的一貫性を背景として自己のあり方に根拠を与え、他人が認める自己像に肯定的な存在感を付与する。その点に注目すれば、ソリューションに向けた二つのポイントが浮かび上がってくる。

一つは、歴史・伝統を正しく認識するとともに、それを肯定的に継承することである。現在の大阪人は文化的優位を口にしながら、その実、大阪文化本来の本質と美点を忘れ去ってしまっている。「食い倒れ」や「笑芸」といった特徴は文化の表層的表現であり、「がめつい」「ど根性」「猥雑」といったマイナスの事象と同様、多分にステレオタイプ化されてしまっている。このレベルの現象を取り上げて「お国自慢」するだけでは、真の誇りは生まれない。大正時代に開花したモダン都市文化、さらには近世前期の町人文化を見直し、そこから大阪ならではの精神の特性を再評価することによって、「意味としての大阪」「哲学としての大阪」「夢としての大阪」を探査する行為が必要である。こうした文化的価値意識を的確に表現することこそが自信回復の出発点となる。

もう一つは、大阪の活性化のための都市ビジョンを、市民・NPO・行政当局、企業・投資家、観光客、来訪者、移住者といった多くのステークホルダーとともに構築し共有することである。経済的な地盤沈下を脱して輝かしい未来へ向かって進みつつあることを納得し確信するとともに、それに主体的に参加する意欲を喚起することが欠かせない。ここに行政主導で提唱され実践されてきた従来の地域活性策や都市政策との本質的な相違がある。ステークホルダーとの共鳴にもとづくムーブメントの創出こそが、都市運営にブランド戦略を取り入れることの意義なのである。

ブランド・アイデンティティは大阪をめぐって、過去からの歴史的・伝統的な意味を正しく認識するとともに、未来に向けて展望を構築するための行為に能動的な動機を与える。それは、大阪ならではの地域のあり方をシンボリックに凝縮して表現することによって住民の誇りや来街者の期待を表象する「意味の絆」に他ならない。

(2) 大阪におけるブランド資源のネットワーク

第四章で紹介した通り、大阪人は「祭り・イベント」「エンタテインメント」「コミュニケーション」といった賑わいを持つリレーションシップの表現にとりわけ大阪らしい資源価値を見出している。作家の富士正晴は、「泣く間があったら笑わんかい」という精神が大阪人の特質だと喝破した。[1] その通り、大阪弁の豊かなニュアンスを駆使した会話に笑いをうまく取り込むことで生き生きとした人間関係を作り、日常生活を賑々しく演出することが大阪人の基本的なスタイルとなっている。ただ、そこには格好をつけて取り澄ましたり威張ったりすることを忌避する独特の含羞が反映していることを見逃してはならない。それらは商都としての繁栄の上に育まれてきたものであり、他都市との差別優位性を発揮するための戦略的要素として重視される。ただし、せっかくのブランド資源要素を、阪神タイガースの熱狂的な応援、吉本興業の笑い、お好み焼き・たこやきなどのB級グルメといった表層的な事象のレベルで消費するだけではその真価を発揮できない。これらを大阪人自身も忘れ去ってしまった大阪町人文化の枠の視点から見直すことによって、上質の「大阪らしさ」に昇華させることが不可欠である。

さらに大阪が〝ブランド創造都市〟としての自信と誇りを確立するためには、国家運営を先導する都市像を謳いあげることが求められる。経済的な地盤沈下を都市のマイナス要因と捉えて自信喪失を表明するステークホルダーのこだわりは、大阪が国家運営に対して歴史的に果たしてきた重要な役割と能動的な関与を逆照明する。ブランド・ヒストリーに見られるとおり、大阪（大坂）はその時代時代に応じて都市機能を大きく変遷させながら一貫して国家運営の中枢機能を先駆的に担ってきた。大阪の創発的進化がその後の日本のあり方を規定してきたのである。大阪はそうした創造的な影響力を発揮し、その自信と誇りを取り戻すことが必要である。この点で、バイオやロボット産業に代表される先端技術やそれが切り開く躍動的な革新が期待されるところである。

（3）大阪の都市パーソナリティとバリュー・スペース

大阪の都市パーソナリティでは「人間味」、バリュー・スペースでは「人間らしく生きる」と、いずれも「人間」に焦点が当っていて、人間性を重んじる価値観が強く表明されている。

幕藩時代の町人から今日の庶民まで、大阪では都市で主役を演じる人間の活動に注目が集まってきた。人生を積極的に楽しもうとする享楽的態度が強く、個人の個性と力量を打ち出してエネルギッシュな活動を先導していく行為が尊ばれる。進取の意気や創意工夫の精神は人間力を重んじる精神風土から生まれたものであろう。

こうした点を踏まえて、豊かな「人間力」の発露が大阪のブランド・アイデンティティとして求められる。

（4）大阪のブランド・スピリッツ――「自主独立の精神」

「自主独立の精神」は、大阪が日本の次世代を担う都市像を独特のパフォーマンスに則って提出するためのブランド・スピリッツである。

第四章でも見たように、梅棹忠夫は東京・大阪・京都の三都市の比較を市民の思考・行動様式の特徴から捉えた論文「日本三大都市比較論」において、大阪的原理を東京の権威主義的傾向に対して「実力主義」と規定し、その背景として封建制度の時代から大阪（大坂）が大幅の自治権を持っていたことを挙げた。[(2)] また、「大阪――文化都市から下司の町へ」における、日本は「日本帝国」と「関西共和国」との二つの国から成り立っている、との指摘も同じ都市原理への言及である。これらの原理の本質的相違が成立したことの要因として、ここでも「町人による都市自治の伝統」が高く評価されているのである。[(3)]

史学者の網野善彦はさらにさかのぼって、「現在の民俗・社会構造に見いだされる東西の相違は、間違いなく中世にまでさかのぼりうる」と論じた。すなわち、東日本は縦の主従関係によって成り立つ「イエ中心の社会」であるのに対して、西日本はイエの協力で秩序を保つ「ムラ中心の社会」であり、成立基盤が異なるのである。[(4)]

これらの論者に見られる通り、大阪の都市運営を支える基盤はフラットなネットワーク型の関係性であり、ヒエラルキー的官僚支配に基づく現在の日本の標準的モデルとは本質的に異なっている。このことは戦後復興期から高度経済成長期にかけての成長志向の社会運営においては不利に働いたが、今後「ネットワーク型リージョナリズム」の実践を通じて、二一世紀の成熟社会においては主流となるように逆転の提唱を行っていくことが求められる。その主張の中核をなすものこそ、「自主独立の精神」に他ならない。

「お奉行の名さへ覚えずとしくれぬ」という俳人・小西来山の句は、近世における大坂町人の心意気を伝えるものとして有名である。この時期「天下の台所」として栄えた大坂はまさしく町人自治の都市であり、それは都市のハードからソフトに至るまで及ぶ。すなわち、安井道頓が自費で開削工事を担った道頓堀などの堀川（運河）、豪商の淀屋が自店の便宜のためにつけた淀屋橋などの町橋、といったように大坂では都市インフラの整備に町民が自ら関与し、開発・管理を行ったのである。またソフト面でも、前述した通り、懐徳堂を自主運営し、そこを拠点に、商人として、また町人としてのイデオロギーを追求し、存在意義の主張を行っていった歴史を持っている。

このように大阪（大坂）では、自主独立の精神に基づいて住民自らが都市の運営に深く関与してきたのであり、そのことが大阪に対する並々ならぬ愛着を育んできた。住民が大阪の街と人とに対して抱いている愛着は、こうした文脈において初めて理解することができる。

大阪におけるマイナス・イメージの一つの核である「身勝手」は、せっかくの自主独立の精神が自信喪失と開き直りのもとで否定的に表れたものである。そうではなくて、そこに本来の社会性と文化性を取り戻し、肯定的に立ち向かっていくことが求められる。ブランド戦略は、価値の可視化を通じてそのための精神的支柱を構築するものとして位置づけられる。

2　大阪のブランド・アイデンティティ

（1）ブランド・アリーナの提唱

ブランド・アイデンティティは、自主独立のブランド・スピリッツを前面に押し出しながら、住民が誇りをもち来街者が期待を抱く大阪らしい〝ブランド創造都市〟像を構築するための指針である。大阪においてはステークホルダーが自信喪失をきたす都市イメージの劣化が著しいため、これを払拭し価値転換を促す目的で、ブランド・アイデンティティを表現する中核に新たな価値を強調するための舞台である「ブランド・アリーナ」を設定し、これ

図 6-1　大阪ブランドのアイデンティティ・ダイナミズム

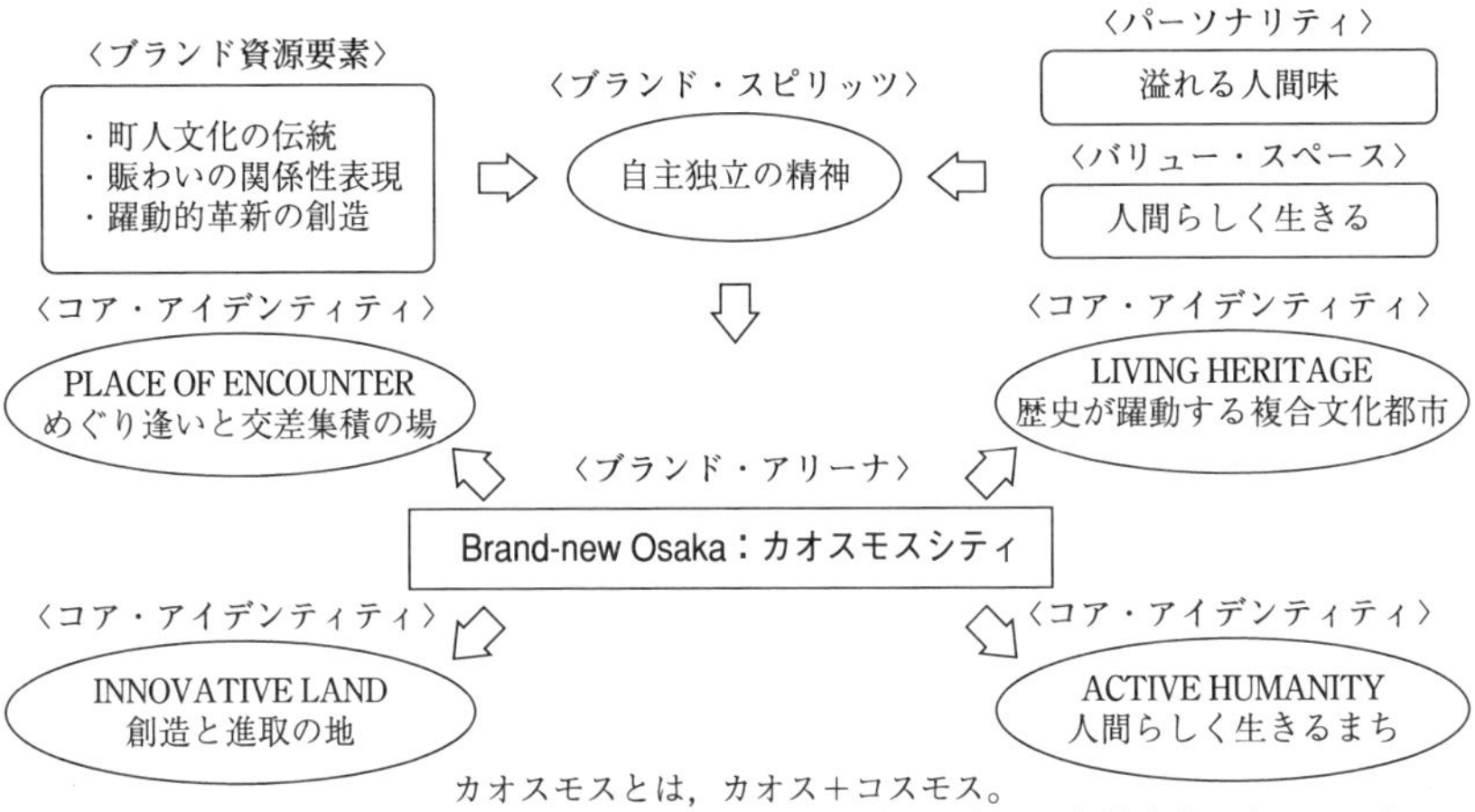

カオスモスとは，カオス＋コスモス。
混沌と秩序とのダイナミックなぶつかり合いの中から，大阪は新しい価値を生み出してゆく。
大阪の創造性の源は，官僚支配に対峙する「やんちゃ」な人間力の発露。
大阪はステークホルダーに豊かなパフォーマンスの舞台を提供し，
人のエネルギーを内発的発展の原動力とするダイナミックなブランド創造都市として，
21世紀日本の国家運営に対する新たな活力を創発する。

（出所）筆者作成。

を次の通り定式化する（図6－1参照）。

人間力を発揮して革新を創発する、〝Brand-new Osaka：カオスモスシティ〟

「カオスモス」とは「カオス」と「コスモス」を組み合わせた造語であり、哲学や記号学の領域において混沌と秩序とを重ね合わせながら新しいものを創造する意義を強調して用いられる用語である[5]。とりわけ今日のような時代の転換期においては、カオスがもたらす混乱の弊害を忌避するより、創造のエネルギー源となる肯定的側面に注目してそれを取り込むことが求められよう。また今日、外部から大阪をみるイメージでは「無秩序」「身勝手」「恐い」などカオスの否定的側面が過度に強調されているが、これは進取の意気を重んじ、活力や賑わいを好む大阪の価値観そのものが誤解を招いたものと解釈できる。それゆえマイナス・イメージを払拭するためには単に否定するだけでは効果が期待できず、根本的な価値転換を働き掛けることが不可欠となる。こうした意味で〝Brand-new Osaka：カオスモスシティ〟の表現に、大阪が歴史的に果たしてきた自主独立の精神に基づく創

図 6-2　〝Brand-new Osaka：カオスモスシティ〟を支えるものは，大阪の豊かな人間力

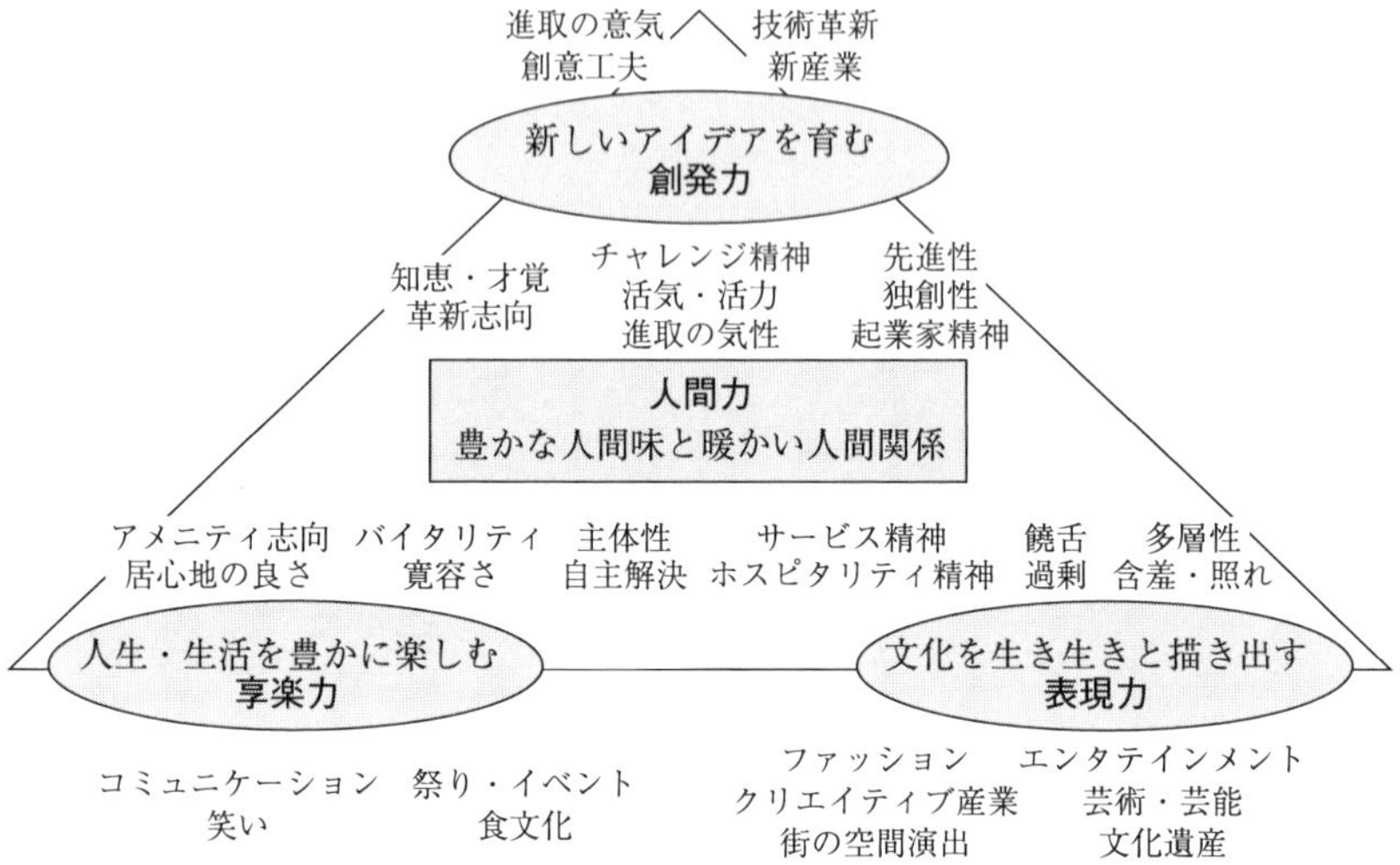

（出所）　筆者作成。

発的進化を今後さらに発展継承していくために内外のステークホルダーが認識を新たにすることへの願いを託したものである。

〝Brand-new Osaka：カオスモスシティ〟の創造性の源は、官僚支配に対峙する「やんちゃ」な人間力の発露にある。大阪は都市のステークホルダーにパフォーマンスの舞台を提供し、人のエネルギーを内発的発展の原動力とするダイナミックな〝ブランド創造都市〟として二一世紀日本の国家運営に対する新たな活力を創発していく——ブランド・アリーナはそうした価値転換を強調している。

〝Brand-new Osaka：カオスモスシティ〟をネクサスとすることによって、都市のバリュー・スペースから大阪ブランドのコア・アイデンティティを構築し、意味創造の効果を発揮することが可能になる。それらが、

①PLACE OF ENCOUNTER　めぐり逢いと交差集積の場

②INNOVATIVE LAND　創造と進取の地

③LIVING HERITAGE　歴史が躍動する複合文化都市

コラム

人間味溢れる大阪の広告クリエイティブ

大阪がモダン・シティの輝きに包まれていた一九二〇年代は広告の黄金時代でもある。この時期、片岡敏郎と岸本水府という二人の広告クリエイターが大阪を拠点に活躍した。かれらの作品は今日でもなお輝きに充ちている。

片岡敏郎が一〇〇〇点以上書き続けた「タバコのみの歯磨スモカ」の新聞広告は『片岡敏郎スモカ広告全集』（マドラ出版）で読むことができる。一ページに一点ずつ収録された広告は、手描きのイラストと短文のコピーとのシンプルな構成で、商品の置かれた生活情景を人情の機微を通じてさまざまに描き出している。

「パパ！　これパッパの歯磨よ　だからパッパのむパパの歯磨よ　と差出されて　さては潔癖なママの心尽くし！　と　パパ　黒い歯をむき出し…ニヤ」

「ホンマを云ふて　うたがはれ……　ホドよう云ふてよろこばれ……　ホンにお客は　気まゝなものよ　スモカつかへば　黒い歯が　四日目へんから　白くなる　と云ふても疑ふ　ひとがあり」

「やれ洗面所が　どうのこうのと口叱言！　云ふご自身の　おツムはてらてら立派でも　お歯にはお目のとゞかれぬ　人の心の　裏　表」

広告は売り込みのための表現形態ではあるが、商品の美点をただ言い募るのでは芸がない。商品とそれを使う人間との間に生まれるドラマを見据え、そこにベネフィットを投影してメッセージに血潮を通わせることが求められるのである。

岸本水府については、川柳作家として大成した生涯を田辺聖子が『道頓堀の雨に別れて以来なり』で詳細に描き出している。広告作品としてはグリコの「豆文広告」が有名であり、童心と詩情の魅力を田辺は指摘する。

「スベリダイカラ　グリコバラバラ」
「グリコヲカヒニ　カササシテ」
「テマリコロコロ　グリココロコロ」
「ヒキダシニグリコガ一ツ　ガーラガラ」
「カケアシニダレカ　グリコノオトガスル」
「シヤボンダマ　グリコタベルコ　ウツツテル」

二人の人間味溢れる作風は、いまも大阪流クリエイティブに引き継がれている。今日のアカウント・プランニングがコンシューマー・インサイトから出発するように、人間性の洞察こそ広告に不可欠な要素に他ならない。その点で人間臭い広告作法はローカリズムというよりはむしろ国際標準を目指すものとして注目される。

岸本水府の川柳の代表作に次の句がある。

「大阪はよいところなり橋の雨」

水の都の情緒がしっとりと伝わってくる。けだし、大阪ブランドを語る上で最良の広告コピーと言うべきであろう。

④ACTIVE HUMANITY 人間らしく生きるまち

の四点に他ならない。

図6－2に示した通り、〝Brand-new Osaka：カオスモスシティ〟を支えるものは、大阪の豊かな人間力である。大阪人が重んじる豊かな人間味と暖かい人間関係は、三つの人間力を通じて〝カオスモスシティ〟の価値創造を具体化してゆく。

①新しいアイデアを育む創発力

歴史的に創発的進化を遂げてきた大阪では進取の気性が尊ばれ、知恵・才覚を実践する起業家精神が培われてきた。俗に「お天気と流行は西から変わる」と言われる通り、大阪から全国に広がった生活革命は数多い。「やってみなはれ」とは、サントリーの社風の表現として人口に膾炙しているが、大阪のチャレンジ精神を象徴する言葉でもある。

今日では、東大阪の独創的技術力を誇るオンリーワン型の中小企業やロボット、バイオなどの新技術が注目を集めており、大阪を語る上で今後への期待が高い領域となっている。

②人生・生活を豊かに楽しむ享楽力

生活力旺盛で「おもろいもん」好きの大阪人は、ワイワイガヤガヤとした活気・賑わいを好み、日常を楽しく演出する。

毎日を心地良く、楽しく暮らそうとする志向は、祭りやイベントの活力、大阪弁を駆使して笑いを取り込んだコミュニケーション文化、食文化など、快適で豊穣な生活基盤を作り上げることに寄与する。いまの大阪を語るにふさわしい領域である。

図 6-3　〝Brand-new Osaka：カオスモスシティ〟のダイナミクス

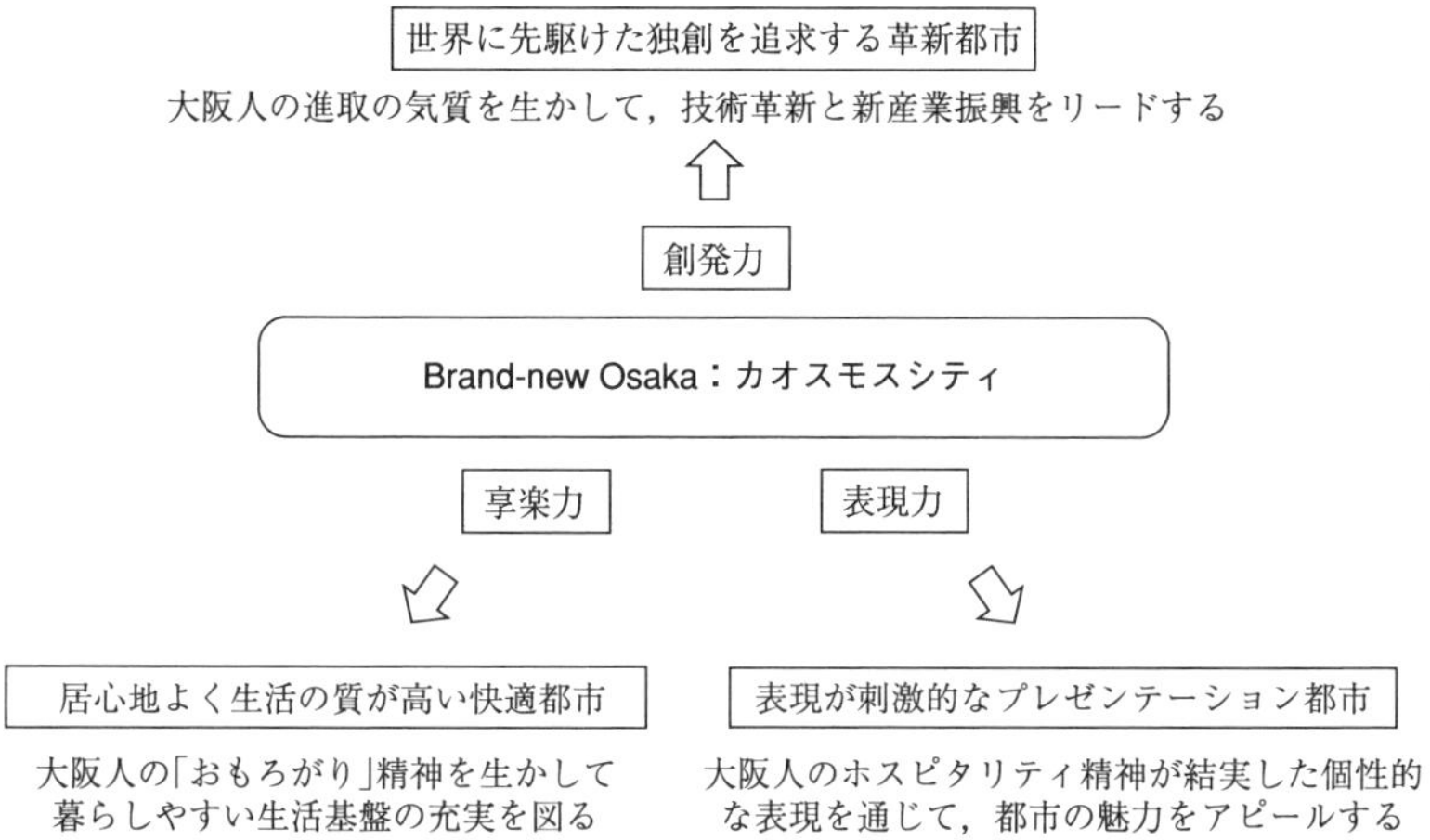
世界に先駆けた独創を追求する革新都市
大阪人の進取の気質を生かして，技術革新と新産業振興をリードする
創発力
Brand-new Osaka：カオスモスシティ
享楽力
表現力
居心地よく生活の質が高い快適都市
表現が刺激的なプレゼンテーション都市
大阪人の「おもろがり」精神を生かして暮らしやすい生活基盤の充実を図る
大阪人のホスピタリティ精神が結実した個性的な表現を通じて，都市の魅力をアピールする

（出所）　筆者作成。

③事象・文化を生き生きと描き出す表現力

ホスピタリティ精神に富んだ大阪人の表現は、過剰なまでの迫力をもって独特の効果を発揮する。饒舌な言動は独特の含羞・照れを孕みながら、多層な事象を生き生きととらえ、描き出す。

サービス精神豊かな表現力は創造性発揮の根幹として、ファッションや街の空間を魅力的に演出し、エンタテインメントや芸能・芸術を育てる。

このように、大阪は人間力を際立たせ、それを生き生きと躍動的に発現する舞台なのである。

（2）〝Brand-new Osaka：カオスモスシティ〟のダイナミクス

図6―3に示した通り、〝Brand-new Osaka：カオスモスシティ〟は、ブランド・アリーナにおいて織り成される三つの人間力に導かれながらそのダイナミクスを発揮していく。

①世界に先駆けた独創を追求する革新都市

創発力を生かした〝カオスモスシティ〟のダイナミクスであり、大阪人の進取の気質を生かして、技術革新と新産業振興をリードするための指針を示している。

大阪には先進的技術力が蓄積されており、それを生かした産業が発展している。高度な技術力を背景に国際的にトップシェアを誇るオンリーワン企業が大阪には多く存在する。技術革新と市場創造のマーケティング戦略によってエクセレントカンパニーに成長した企業も多い。

歴史的にその時代の最先端の進化を切り開いてきた大阪の風土は、二一世紀の技術革新を先導する新産業を生み出し、アジアをはじめとする国際的な発展を推進していく。

②居心地よく生活の質が高い快適都市

享楽力を発展させた〝カオスモスシティ〟のダイナミクスである。大阪人の「おもろがり」精神を生かして、暮しやすい生活基盤の充実を図るための展望を切り開く。

大阪は経済的に大きな市場であり、ビジネスの舞台であるが、決して仕事一辺倒には陥らず、遊び・自己実現・生活と、多面的にバランスよく生きられる都市である。大都市の高度な機能性と、飾らない人間性を反映した心地よい情緒性が程よく混交している。

コミュニケーションと食に象徴されるとおり大阪の生活文化は豊かであり、生活の快楽性には定評がある。

このように大阪は、肩肘張らず気取らず生活を楽しむ、暮らしやすい生活基盤を住民に提供する。

③刺激的な表現物に出遭うプレゼンテーション都市(6)

表現力を生かした〝カオスモスシティ〟のダイナミクスであり、大阪人のホスピタリティ精神が結実した個性的な表現を通じて地域の魅力をアピールする。

大阪の都市景観は刺激的である。巨大な屋外広告、鮮やかなネオンサイン、くっきりと際立つファッションなど、街全体が独特の演出を競っている。

文化遺産の保存、レトロな街並みを生かした再生、新スポットの誕生と、街は歴史と革新の両面を取り込みながら、絶えず活発に躍動し続け、来街者に魅力的な刺激を与えている。

人形浄瑠璃や歌舞伎など古典芸能から文芸・演劇・音楽などの芸術、さらに漫才・落語を始めとするエンタテインメントや大衆芸能に至るまで、独特の表現力が結実している。

近年においては個性的でエネルギッシュな表現力が、ファッション、デザイン、コンテンツなどのクリエイティブ産業の振興をもたらしていることも注目される。

3　大阪ブランドのステートメント——アイデンティティからビジョンへ

(1) 都市ブランドにおけるブランド・ステートメントの戦略性

ブランド・アイデンティティは単に構築しただけでは効果をもたらさない。そこで設計されたブランド価値に基づくダイナミックなブランド・ムーブメントを展開していくことが求められる。ブランド・ステートメント（憲法）はその際、伝えたいブランド価値を明文化することによって関係者の間での共有化を図るとともに、長期間にわたる展開にぶれが出ないように基準を提供する。

一般のブランド戦略においては、ブランド価値を具体的に表現する要素として、製品そのものと広告を中心とするコミュニケーションとが二本柱を構成する。顧客は製品と広告を通じてブランドを体験することによってはじめて、その背景に置かれたブランド・アイデンティティからの意味移転を感受する。この過程を経て、顧客が関係を取り結ぶブランド価値は機能性から情緒性へ、さらには自己表現性や象徴性へと深まっていくのである。こうして顧客は単なる使用者ではなくてファンやマニアと化し、ブランドは差別優位性を認識された製品から自己表現のために不可欠な要素へと深化する。

ブランド・ステートメントは製品と広告とがブランド価値を的確に表現するためのシナリオであるから、それ自体が直接顧客の目に触れる必要はない。ところが都市ブランド戦略においては実体としての製品に相当するものがきわめて多岐にわたるため、理念を可視化して表現したり、それをステークホルダーとの間で価値共有するためにコミュニケーション活動を展開することの重要性が高くなる。ブランド・ステートメントをより戦略的に活用することが期待されよう。すなわち、行政の推進においては「ビジョン」の策定と発信とが中核的な役割を担うが、このビジョンをブランド・ステートメントとして位置づけることによって、意味創造力を高める試みである。

都市ブランド戦略の意図は、ブランド・アイデンティティを施策の求心力として位置づけることによって、都市とステークホルダーとの間に意味の共感を喚起し、都市運営を内部から活性化することにある。その視点から都市ビジョンの役割を考察すると、ブランドとしての都市がステークホルダーに提供している現状のベネフィットに着目して、それを未来に向けてさらに発展させる展望を示し、約束を提示するものとして理解される。

従って、ビジョンをブランド・ステートメントとして取り纏めることは、①ブランド・アイデンティティを中核とすることによって各ビジョン間に相乗効果を発揮し、ダイナミックな展開を導く。②行政の内部、及び住民・勤労者・来街者など都市のステークホルダーとの間に共通の認識を提供し、目標を共有化する。③コミュニケーションの焦点を定め、長期に亘る展開に変わらぬ方向性を提供して累積効果をもたらす。――といった独特の効果をもたらす。

このようにブランド・ステートメントとしてのビジョンは、都市とステークホルダーとをブランド=意味の絆で繋ぐ上で非常に重要な役割を担っていくのである。

図6−4　都市ビジョン

世界に先駆けた独創を追求する革新都市

⇩

〈ビジョン〉
自己革新力に富む地域産業ネットワークの構築
新技術・新産業の育成
活力あるアジアの中の中核都市のポジション確立

Brand-new Osaka：カオスモスシティ

⇩

〈ビジョン〉
地域主権の時代をリードする〈**大阪独立宣言**〉

居心地よく，生活の質が高い快適都市

⇩

〈ビジョン〉
生産と生活のバランスが取れた
生き甲斐ある都市基盤の整備
創造力支援に向けた都市インフラの充実
価値観の一極集中に揺さぶりをかける大阪文化の見直し

表現が刺激的なプレゼンテーション都市

⇩

〈ビジョン〉
新たな価値創造を実現するクリエイティブ
産業の振興
伝統と未来が交歓する都市観光の開発
都市景観の整備

（出所）　筆者作成。

（2）〝カオスモスシティ・大阪〟を表現するビジョン

都市ブランド戦略展開におけるビジョンは行政サイドで一方的に策定するのではなく、幅広いステークホルダーとの間で意味交歓を図りつつ取りまとめることが求められる。以下においては、そうした討議を行っていく上での叩き台として、ブランド・アイデンティティから想定されるビジョンのイメージを示していきたい（**図6−4**参照）。

まずは、〝カオスモスシティ・大阪〟と定形化したブランド・アリーナを表現するビジョンである。

大阪ブランド戦略は〝ブランド創造都市〟という新しい都市経営モデルに基づく都市再生の最初の試みであり、ブランド・アリーナはそのための価値転換を強調してアピールする役割を担う。そこで〝カオスモスシティ・大阪〟を表現するビジョンは、大阪が今後大きく変わっていくことを内外に鮮烈に印象づけるものに仕立てたい。そのための表現アイデアが「大阪独立宣言」である。

ビジョン：地域主権の時代を率先して実践する「大阪独立宣言」

いま、今後来るべき知識・情報社会において住民の暮らしを充実させる目的で、従来の中央集権に代わる地域主権のあり方が模索され、各地でそのための構想が練られている。この点で大阪は古くから住民による自治を通じて街を作ってきた「自主独立の精神」に富んだ都市であり、理想との親和性は高い。こうした点に注目してブランド・ムーブメントにおけるアウター・コミュニケーションの機会を作り、「大阪独立宣言」のキャッチコピーのもと、大阪が地域主権へ本格的に取り組むことを内外に強く印象付ける。

〝大阪独立〟のためには、市民の自主解決力を生かす住民参加の「狭域自治システム」と自主財源を担保した「広域行政システム」を整備するとともに、それらをネットワーク型リージョナリズムに基づくガバメントに結実させる行為が不可欠である。そうした二一世紀型の都市経営モデルともなるべき〝ブランド創造都市〟モデルを確立することによって、二〇世紀において効果を発揮した中央集権型国家運営の超克を大阪から発信し、次世代日本の活性化を先導していくことが必要である。またその精神は大阪だけのことではなく、「関西州」実現を目指して、関西における〝ブランド創造都市〟ネットワークの中枢機能を担っていくことも展望する必要があろう――表現にはこうした展望を盛り込んでいく。

「大阪独立宣言」は大阪ブランド戦略が内部の基盤構築を終えて、今後、大阪の市民・NPO・行政当局、企業・投資家、観光客・来訪者・移住者といったステークホルダー、及びマスコミを含めた外部に向けて積極的なムーブメントを展開していくためのキックオフイベントに他ならない。ブランド・アイデンティティの発表を中心に表現内容を精緻化することに加えて、表現形式においても内外の耳目を集める仕掛けを施す。新聞広告やテレビの番組広告といったマス広告、セミナー・講演会などイベント開催が効果的である。

(3)〝カオスモスシティ〟のダイナミクスを表現するビジョン

同様に〝カオスモスシティ〟のダイナミクスからもまた、ステークホルダーとの間に都市ブランドの価値を共創するためのビジョン表現が求められる。

①〝カオスモスシティ〟のダイナミクス——世界に先駆けた独創を追求する革新都市

この実践に基づくビジョンは、主に産業振興の領域に向けて表現される。

ビジョン：自己革新力に富む地域産業ネットワークの構築

地域産業の活性は、〝ブランド創造都市〟の重要な要件である。この点で大阪は、独創的オンリーワン企業をブランド資源として有している。こうした上質の地場中小企業を、大阪の活力源として育成する。そのためには、ネットワークの構築が必要である。企業と人のネットワーキングを通じて、大阪経済の自己革新能力の向上と活性化を図ってゆく。

ビジョン：新技術・新産業の育成

自主解決の気風に富む大阪は起業家精神を育む土壌をもっており、新しい技術が生まれ、新しい産業が育つインキュベーター（孵化器）の基盤が厚い。こうした特性を生かして大阪は、官僚組織的な大企業が集まる東京に対して、ベンチャー企業育成を積極的に支援し、新産業の活性化を図っていく。

ビジョン：活力あるアジアの中核都市のポジション確立

アジアの活力はかつての欧米に取って代わって、二一世紀の国際社会をリードするエネルギーを秘めている。大阪はもともとアジアとの結び付きが強いが、これをさらに発展させて、アジアの中核都市としてのポジションを強固にすることで、活力あるグローバル化を推進していく。

②〝カオスモスシティ〟のダイナミクス——居心地よく生活の質が高い快適都市

この実践を表現するビジョンは主に住民に向けて、より暮らしやすい大阪の実現を表現するものとなる。

ビジョン：生産と生活のバランスが取れた生き甲斐ある都市基盤の整備

「人間らしく生きるまち」というコア・アイデンティティへの支持が高いが、自然環境と都市機能、仕事と生活など、バランスのとれた都市基盤は大阪の大きな魅力である。生産力にウエイトが偏った工業社会とは異なって、今後の知識・情報社会においては生産と生活とのバランスはより重要性を高めてくる。

そうした視点から、さらに暮らしやすく生き甲斐のある大阪の魅力拡大を図る。

ビジョン：創造力支援に向けた都市インフラの充実

人間の創造力を発揮するためには「場」が不可欠である。また〝ブランド創造都市〟においては、人材育成の戦略性を欠かすことができない。そうした意味で、大学・研究機関・文化施設など「価値創造の場」の充実を図り、都市の創造力を高めていく。

大阪には懐徳堂や適塾を育んだ好学の風土がある。この精神を生かして、知の都市インフラの充実を目指していく。

ビジョン：価値観の一極集中に揺さぶりをかける大阪文化の見直し

大阪の生活文化に対する大阪人の愛着は深い。特に、ニュアンスの豊かな大阪弁を駆使しつつ笑いや賑わいを取り込んだコミュニケーション文化と食文化は、外部に対しても大阪らしさを表象する事象となっている。それらは人生や生活を肯定的に謳い上げることによって硬直した価値観をほぐし、人間性の回復をもたらす効果を発揮する。

ただし、「笑い」や「食い倒れ」には半面でステレオタイプ化した大阪像を強調する弊害もあり、大阪を下品で身勝手な街だとする誤解を増幅しかねないことに留意することが必要である。大阪文化は決してテレビ番組のバラエティの枠内でのみ表現されるものではない。本来の上質な大阪町人文化の見直しは、大阪人の自信回復のためにも不可欠の運動である。継続的なコミュニケーション活動が求められる。

③〝カオスモスシティ〟のダイナミクス――刺激的な表現物に出遭えるプレゼンテーション都市

この実践に基づくビジョンは、大阪の魅力を内外にアピールする表現として結実する。

ビジョン：新たな価値創造を実現するクリエイティブ産業の振興

ファッション、デザイン、コンテンツといったクリエイティブ産業は、重工業に代わって二一世紀の知識・情報社会における重要な産業資源となる。

大阪の豊かな表現力を生かしたクリエイティブ産業の振興を通じて、日本の新たな産業構造を創造していく。

ビジョン：伝統と未来が交歓する、都市観光の開発

京都・奈良・神戸といった関西の諸都市に比べて大阪は観光地としてのアピール力に欠けることが外部から見た都市イメージが低い要因の一つとなっている。しかし、文化遺産や都市景観のハード、古典芸能やエンタテインメントのソフトを始めとして、来街者の関心を惹く表現物は数多く存在する。

このように大阪固有の表現物を観光資源として捉えなおし、その魅力アピールと体験への仕組みを作ってゆく。特に海外からの観光客誘引に力点を置く必要があろう。

ビジョン：都市景観の整備

大阪の都市景観は多彩な表現を示している。街を取り囲む自然、水都の風物、過剰なまでの装飾を施した屋外広告、近代産業遺産など、さまざまな景観が大阪を彩っている。

これらの都市景観をあるがままに放置するのではなく、住民の感性を高める視点から見直して整備を図る。とくに、伝統的街並みや近代産業遺産を「創造の場」として、保存活用を図ることがポイントとなる。

注

（1）木津川計『上方の笑い』講談社、一九八四年、二三ページ。
（2）梅棹忠夫『日本三都論』角川書店、一九八七年、三一ページ。
（3）同前書、一四六〜一五四ページ。
（4）網野善彦『東と西の語る日本の歴史』講談社学術文庫、一九九八年、一七四〜一七六ページ。
（5）丸山圭三郎に『カオスモスの運動』という著書がある（講談社学術文庫、一九九一年）。また宇波彰は『記号論の思想』（講談社学術文庫、一九九五年）の第三章に「思想のカオスモス」という表題を付けた。もともとは作家のジェイムズ・ジョイスが始めて用いたと言われ、ウンベルト・エーコのジョイス論にもこの言葉が用いられている（*The Aesthetics of Chaosmos: The Middle Ages of James Joyce*, Harvard Univ. Press, 1989.）。フェリックス・ガタリはさらに「オスモーズ（浸透）」の概念を加えて、『カオスモーズ』という表題を用いた（宮林寛・小沢秋広共訳、河出書房新社、二〇〇四年）。
（6）角野幸博・藤本憲一・橋爪紳也・伊東道生編『大阪の表現力』（ＰＡＲＣＯ出版局、一九九四年）は「大阪を〈トポス（意味空間）〉とする普遍的な文化論・都市論をめざす」（六ページ）意図のもとで、表現力・プレゼンテーションの都市論を展開している。

第七章　大阪ブランド・ルネッサンス戦略ムーブメント

1　大阪ブランド・ネットワーク――リージョナリズムに基づくコスモポリタンの創造

（1）大阪における分権型都市モデルの模索

第一章でも述べたように、国レベルでは「地方自治」や「地方分権」に向けた動きが急を告げている。一九九六年三月二九日にまとめられた分権型社会の創造をサブタイトルにかかげた地方分権推進委員会の「中間報告」では、国内外の環境変化、とりわけ高齢社会・少子化社会への対応や個性豊かな地域社会の形成、東京一極集中の是正などを進めようとすると、従来の中央集権型の行政システムでは的確な対応が困難なことが指摘されている。[(1)]

他方、近年大阪で試行されてきた「地方分権」を軸とする新しい都市マネジメントはどのようなスタイルをもつものと考えられてきたのだろうか。

大阪市では、二〇〇一年三月に「新行財政改革計画」を策定した。これは、「住民に身近な行政はできる限り住民に身近な地方自治体が実施する」という地方分権推進の基本的な考え方に基づいて、市民と協働して自立的・総合的に都市施策を企画・実施する分権型行政運営システムの構築をめざそうというものである。①市民参画・協働による事業展開、②各局事業所への権限移譲、③国との関係での権限移譲や関与等の見直し、の三点について「分権推進プログラム」として取りまとめた(2)。

大阪府も二〇〇四年に「大阪府行財政計画」を策定した。これによると、三位一体改革、地方行政体制改革、構造改革特区の制定、独立行政法人の出現、といった一連の行財政をめぐる全国的な動きのなかで、府民・地域の総力で大阪再生をめざすとしている。具体的には、①市町村、府民、NPOなどあらゆるプレイヤーが自由に活躍できる環境整備、②財政体質・経営体質を改善し、最高のコストパフォーマンスを有する小さな政府への構造転換、③府民の参画と適正な負担のもとでの暮らし満足度の最大化、が掲げられる。とくに、限りある資源の選択と集中で行政が担うべき役割を明確化しながら、「持続可能な地域・自治体経営モデル」を発信し、日本の再生をリードしようという強い意気込みが感じられる(3)。

また二〇〇六年四月に政令都市に移行した堺市も、中世に「自由・自治都市」として栄えた歴史と伝統をふまえながら、近畿圏の拠点都市として飛躍・発展し、市民サービスを向上させていくために、「自由都市・堺　ルネサンス計画」と題する「政令指定都市・堺」のまちづくり指針を策定した。そこでは、市民、企業、NPO、行政など地域の主体が協働してその実現を図るとともに、政令指定都市移行による都市経営の自由度の拡大と自己責任の増大に対応できる行財政基盤の確立や行政経営改革への不断の取り組みが提起されている(4)。

これらは一例にすぎない。分権型の都市経営モデルは大阪府下全域で本格化しつつある。大阪都市圏における地方自治や都市マネジメントの将来像として、大阪府と大阪市、堺市など府下各市町村との連携や広域的なネットワークの確立、市町村への権限移譲、自主的・主体的な市町村合併などが推進されてきた。

しかし、そうした試みが成功するかどうかは、そこにも触れられているように、それらが名実ともに「新しい自治ネットワーク」に結実するかどうかに依存する。

図7-1　「政令指定都市・堺」の市政運営

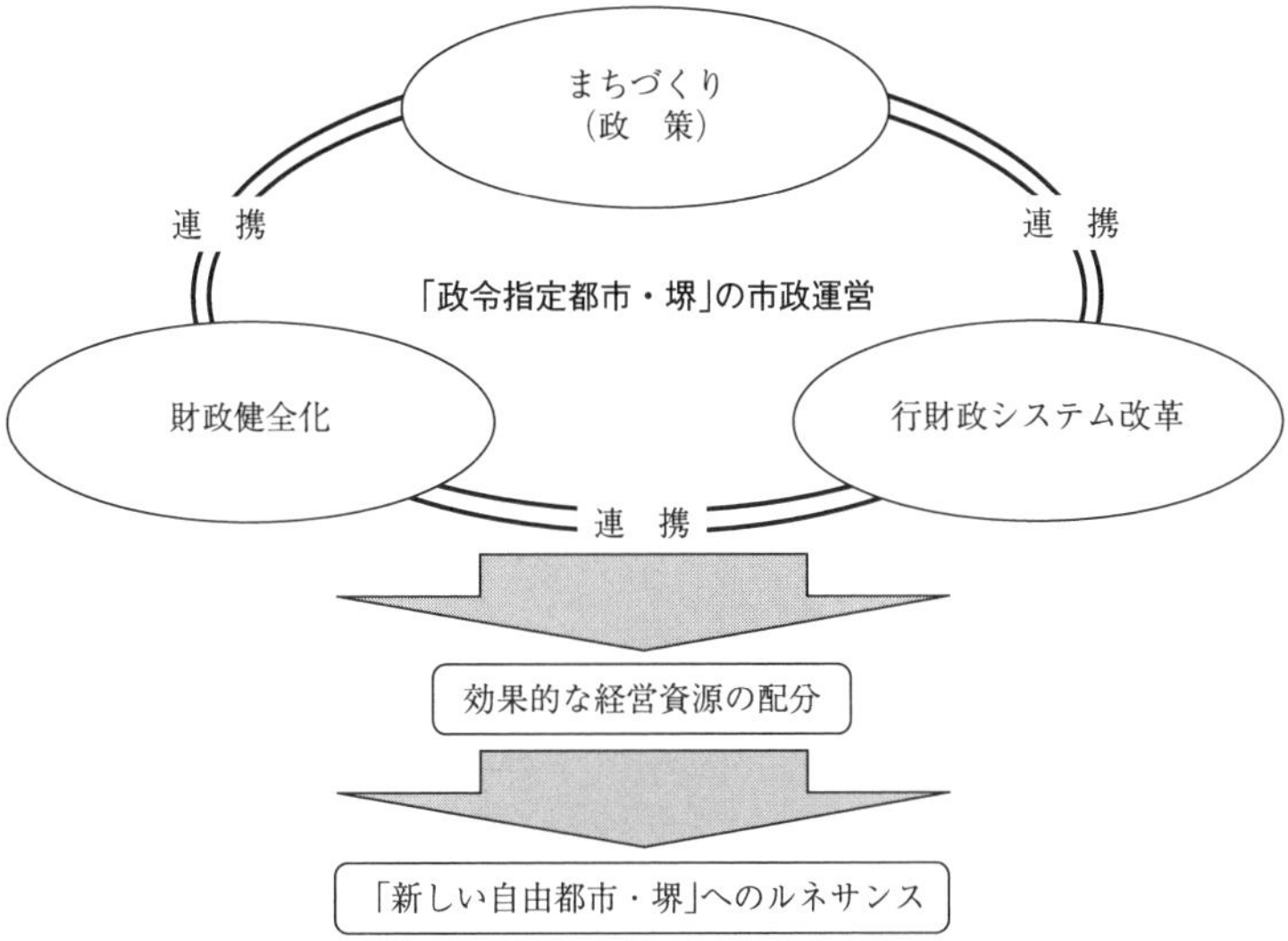

（出所）　堺市ＨＰ「自由都市・堺ルネサンス計画」(http://www.city.sakai.osaka.jp/city/info/-kikaku/renaissancepj.html #01)

中央集権型行政システムの弊害としてよく指摘されている点は、国民国家の統一や国民経済の発展のために権限・財源・人間、そして情報を中央に過度に集中させた結果、地域社会の自治が制約され、地域経済の存立基盤である地方の資源が掘り崩され、その活力が奪われたことである。全国規模での統一性と公平性を重視するあまりに、地域的な諸条件のもつ多様性が軽視され、地域ごとの個性ある都市生活文化が衰退することにもなった。

しかし、第三章でも述べたように、これまでの都市のあり方を見直し、全国的な統一性や公平性を重視する「画一性と集積」の都市モデルから住民や地域の視点に立った「多様性と分権」の都市モデルへと移行するためには、地域の住民が自分たち自身で決定し（自己決定）、その責任も自分たち自身で負う（自己責任）という自律・自治のシステムが不可欠である。市民・ＮＰＯ・行政当局、企業・投資家、観光客・来訪者・移住者など都市を構成するステークホルダーの一人ひとりがその可能性と能力を発揮し、その存在感と役割をアピールすることが必要となる。自身の課題に関する地域住民の自己責任の自覚と自己決定権の拡充、あらゆる分野、階層の住民の共同参画による民主主義が本当に実現できるかどうかが鍵となる。自己責任と自己決定の原則に基づくステークホルダーが一体となったまちづくりや都市マネジメントのシステム、これが「新しい自治ネットワーク」にほかならない。

とはいえ、このことは実は、すでに一九九〇年に策定された『大阪市総合計画21』でも、「まちづくりには、市・市民・企業などの緊密な連携が何よりも重要です」と指摘されていた。(5) 問題は、それを具体的かつ戦略的に進めるための条件や基盤がこれまで十分かつ有効に整備されてこなかった点にあると考えられる。従来のまちづくりや都市の経営がそのまま踏襲されてきたのである。せっかくの新しい取り組みも、総花的であるとともに、やや〝机上の空論〟、〝砂上の楼閣〟との印象を免れなかった。

（2）大阪のブランド・ネットワーク——〝自治ネットワーク〟の形成

それではどうすれば「新しい自治ネットワーク」を構築できるのか。言い換えると〝ブランド創造都市〟大阪を構築するためのムーブメントの条件や基盤は何か。以下ではそのうち重要と思われる点をリストアップしておこう。

第一に、大阪府と大阪市、堺市など各市、府民と市民、行政と企業・民間との間の相互信頼関係や連携・協同の意思が不可欠である。従来ともすれば、中央集権的な国の縦割り行政や各種規制、政令指定都市のもつ強力な権限のもとで、連携や協同の意識を醸成することが困難であった。その点では、大阪府と大阪市の間での「府市連携問題」が二〇〇六年二月に大阪府知事・大阪市長の両トップ会談によって中小企業支援施策や水道事業、消費者支援施策など六項目で類似したり、重複している事業の洗い出しが開始されたことは(6)その第一歩として評価される。さらに官民でこうした連携の動きが加速していくことが期待される。

近年の生活圏や都市活動の広がりの中で、大阪は関西だけでなく、中国・四国地方や北陸地方などの各県との結びつきを強めているといわれる。「関西のなかの大阪」、「アジアの大阪」、「世界のなかの大阪」という視点に立って、それぞれの都市の個性や、多彩な都市間ネットワークを活かして、相互交流を促し、関西全体としての発展をリードしていくことが必要である。府市連携をはじめ、官民などオール大阪規模で各ステークホルダーが信頼関係を醸成する試みはようやく始まったところである。

第二に、「二一世紀の大阪」という都市のアイデンティティ、すなわち、大阪の独自性、特性、個性、魅力、可能性、そして将来方向などについての共通認識や相互理解が求められる。都市アイデンティティは、各ステークホルダーがムーブメントを起こす出発点であり、求心力となるからである。第三章でも見たように、その場合に重要なことの一つは、都市アイデンティティそのものが他都市と異なると共に時代のさきがけとなる新しい都市バリューを創造するものであることでなければならないこと、もう一つは、都市アイデンティティの構築プロセスという点から言えば、トップダウン型でつくられた出来合いの官製モデルではなく、ボトムアップ型の協同意思形成をも十分にふまえたものでなければならないということである。

この点で二〇〇〇年に大阪府が策定した「大阪再生・元気倍増プラン」では、計画の策定にあたっては、広く府民から意見が寄せられた。第六回、第七回の総合計画審議会提出分の合計はのべ四五一件に及ぶ。内訳別では、多い順に、①「全体的な計画内容」（七五件）、②「人を創り、人を活かす」（四〇件）、③「計画のあり方」（三六件）、④「財政再建・行政改革」（三五件）、⑤「計画の具体性・イメージ」（三〇件）、⑥「安全を支え・安心をはぐくむ」（二六件）、⑦「環境を守り、地球と生きる」（二二件）などとなっている。審議会委員の構成について住民や実務経験者の参画を含む再検討を求める声が最も多い一方、「計画の実現に向けた財政的な裏付けの明確化」、「過去の計画の達成度・評価の明確化」から「高齢者の活用」や「緑化」、「車優先の道路環境からの脱却」などの具体的な課

図 7-2　地域ネットワーク委員会を核とする支援システム（地域レベル）

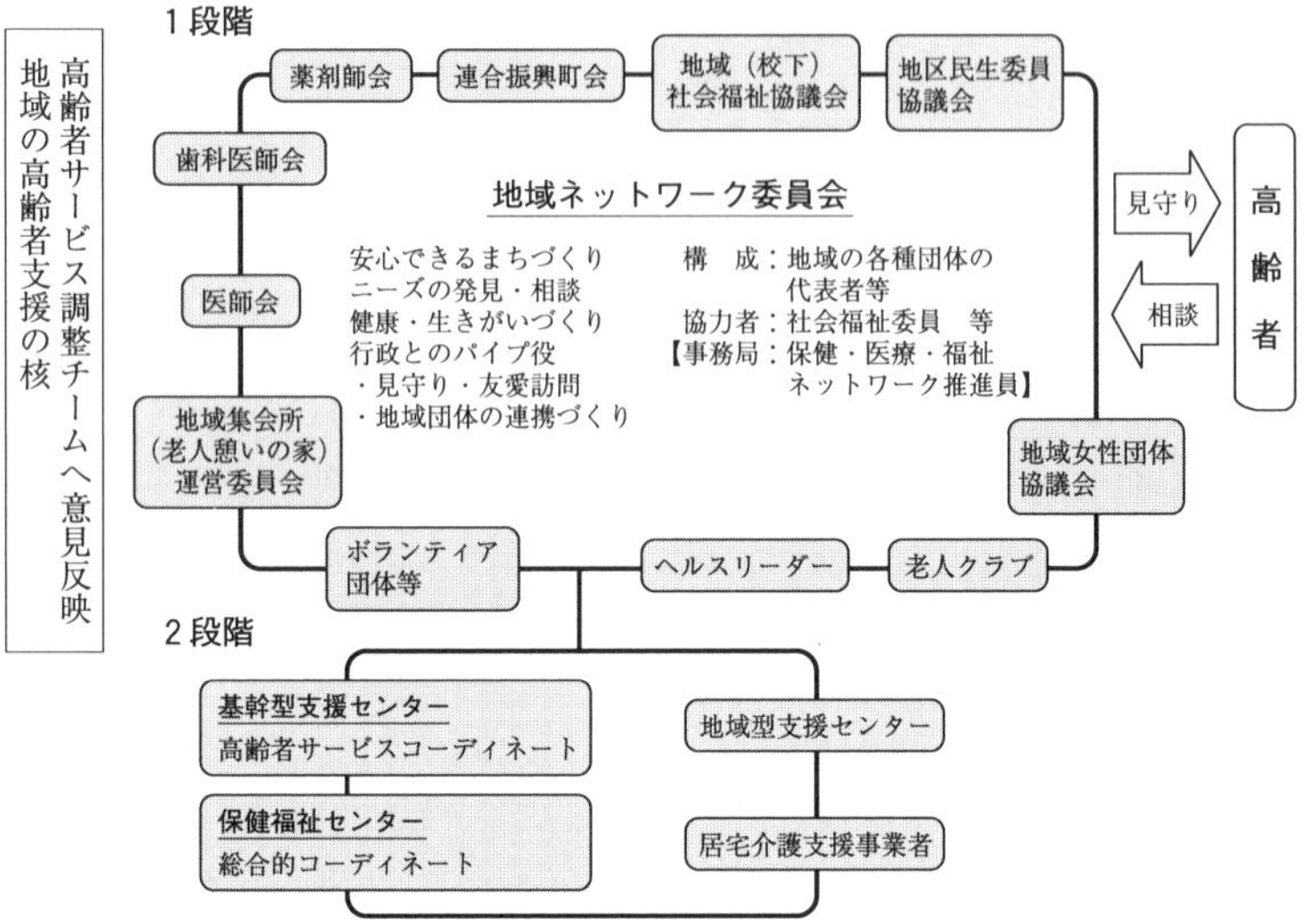

（出所）大阪市健康福祉局ＨＰ「地域支援システム」(http://www.city.osaka.jp/kenkoufukushi/kourei/pdf/kourei.01.pdf)

題まで多岐にわたる。やはり総合計画やまちづくりの立案過程への府民の参画意識が強くあらわれている[7]。アジアや日本・関西のなかでの大阪の位置づけからまちの具体的なイメージづくりまで市民総参加で行うことが求められている。

第三に、ムーブメントが文字通り市民・NPO・行政当局、企業・投資家、観光客・来訪者・移住者など都市を構成するステークホルダーによる連携や協同を通じた「オール大阪の運動」になるための環境づくりや仕組みづくり、そして日常的で継続的な取り組みが重要である。

例えば、大阪市では一九九一年に地域における高齢者福祉のために設置された「地域ネットワーク委員会」の活動を、民生委員、相談機関などとの連携によって強化・拡充するとともに、障害者支援、子育て支援も含むトータルな保健・医療・福祉のネットワーク活動の展開を図ることを進めている。市民一人ひとりの課題を地域の課題としてとらえ、住民が地域ぐるみで解決に取り組む仕組みとして注目される。ちなみにこれを示したのが、**図7－2**である。これは、小学校区レベルに設置された地域ネットワーク委員会であるが、区レベルに設置する高齢者サービス調整チーム（代表者会議、実務者会議（地域ケア会議を含む））、市レベルに設置する大阪市高齢者施策推進委員会の三層構造となっている。(8)

第四に、そうしたアイデンティティの共有や信頼・協同の形成において重要となるのが、情報共有でありコミュニケーションにほかならない。ただその際、〝ブランド創造都市〟のムーブメントは単なる広報・PRによっては形成されない。市民・NPO・行政当局、企業・投資家、観光客・来訪者・移住者など都市を構成するステークホルダーの一人ひとりが情報を共有するまでにきめ細かい情報の受発信が相互の間でなされる必要があるとともに、情報そのものの共創プロセスに各ステークホルダーが能動的に関わることが重要である。そうでなければ、情報は情報として完結してしまい、それが市民自身による具体的な活動や取り組みにつながる可能性が弱くなる。

自治体を中心に広報・コミュニケーション体制を取り上げると、大阪府では広報室が広報報道課を中心に、府政の広報の企画及び総合調整、府政の推進にかかわる広報活動など、府民情報課では、広聴及び情報公開制度の企画及び総合調整、府民の意識調査、府政に関する要望などの連絡調整が行われている。具体的には情報発信・情報公開などを積極的に展開している。情報発信機能を強化するためにメールマガジン「府れっしゅレター」を創刊したり、広聴の充実を「大阪わいわいミーティング」によって図った。

一方、大阪市では企画広報課が、市民と市政に関する情報の共有に向けて、大阪市ホームページのほか、大阪市政だよりやテレビ・ラジオなどのメディアを活用し、市政の現状や将来の計画などについて積極的に情報を発信している。また報道課では行政広報の重要な部門であるパブリシティ活動を展開して、市民がより早く、容易に、そして正確に市政の現状や市の動きを知ることができるよう努めている。堺市では広報・公聴部、豊中市では政策推進部広報・公聴課、高槻市では広報・公聴室などと組織のあり方はそれぞれ異なるが同様の業務を展開している。

自治体以外にも大阪府下の各種団体・組織も同様に、新聞、テレビ・ラジオといった従来型メディアだけでなく、インターネットなども含めさまざまなコミュニケーション・メディアを活用しながら、大阪のまちづくりや都市再生といった都市ビジョンから具体的な施策に至るまでさまざまな情報が提供されている。反対に各種調査を通じて住民からの情報入手もなされている。しかし、コミュニケーションの量や質は必ずしも十分とはいえない。「お知らせ」調の一方的な情報提供、それと「苦情窓口」的な情報収集、これらが情報の受発信者の間で十分コラボレーションされずに並立しているという状況である。

さらに、大阪市に典型的に見られる「シティプロモーション」もPR調を十分に脱却できていない。「大阪市都市再生プログラム」では大阪市の都市再生に向けて、アジアをはじめとする海外企業をターゲットとした誘致と、特定の業種、地区に絞り込んだ産業集積促進策を組み合わせ、全庁的体制によって企業立地を促進する目的で、「イメージアッププロモーション」が展開されている。すなわち、大阪市の優位性、ポテンシャルをホームページ、メディア、パンフレットなどあらゆるチャネルを通じてPRするなど、国内外に広く大阪の認知度、イメージの向上につながるプロモーションを進めるという取り組み姿勢は評価されてよいが、(9) さらに都市ブランド戦略の本格的な展開という目標に沿って強化・拡充することが求められよう。

以上のような条件を整備することによって「新しい自治ネットワーク」の構築が進展すると考えられるが、これらの条件はブランド視点からとらえ返すことによって有機的に結びつけることが可能になる。言い換えると、〝新しい自治ネットワーク〟は〝ブランド創造都市〟の構築のなかで具体化され、実現されるのである。その理由は次の通りである。

第一に、都市間や都市構成員であるステークホルダー間の相互信頼関係や連携・協同の意思は、根本的には人間心理や情緒的な一体感と絆の醸成によってより安定的で継続的なものになる。この一体感や絆は都市ブランドによって確固としたものになる。

第二に、都市のアイデンティティについての共通認識や相互理解は、具体的・個別的な都市構成要因に対する認識もさることながら、むしろそれが都市のブランド・アイデンティティというかたちで集約的かつシンボリックに意味編集されることによって、より豊かで独自性に富むものになると考えられる。

第三に、〝オール大阪の運動〟に向けた環境づくりや日常的な取り組みを進めるためには、各ステークホルダーの個別的で多様な利害や目標の不一致を超越するうえでマインド面での統一感が有益である。これはまさに都市ブランドへのロイヤルティにほかならない。

第四に、都市アイデンティティの共有をもたらすコミュニケーションは、単なるメッセージや意味の交換にとどまるならば、伝達過程で歪曲や遺漏が発生する可能性が高い。それに対して、ブランドというメディアを与えられることによってコミュニケーションはより効果的・効率的に行われることになる。

2　大阪ブランドのムーブメントを創出するマネジメント・システム

（1）都市ブランド・バリューの発掘に向けた協同(10)

都市ブランド戦略の推進に際しては、ムーブメント創出型のブランド・マネジメントを導入することが不可欠である。都市のもたらすブランドバリューは時間的にも空間的にも非常に多岐に亘り、市民・NPO・行政当局、企業・投資家、観光客・来訪者・移住者といった数多くのステークホルダーが関与する。したがって、トップダウン型の静的・一方的なブランド・マネジメント手法では成果を発揮できないであろう。多様な価値観を持つさまざまなステークホルダーの共鳴を呼び起こし、価値連鎖を働き掛けるダイナミズムが求められるのである。

こうした認識から、大阪ブランド・ルネッサンス戦略においては、取り組みの当初から協同の仕組みづくりが随所に用意されていた。大阪ブランド・ルネッサンス戦略の出発点は、ブランドが本質的に備えている「価値創造のネクサス」としてのパワーの認識にある。ブランドとはそれを使用する顧客が認識する卓越した優位性のイメージであり、付加価値を生み出す源泉となる。都市もまたブランド力を発揮することによって住民に夢を与え、産業の活力を誘引して経済発展を支えるとともに、文化や社会の興隆を呼び起こし、その繁栄の基盤を内部から構築することが可能となるのである。

大阪は歴史的には、「天下の台所」「商都」「上方」といった卓越したブランド力を持ち、内部のステークホルダーに自信と誇りを、外部の人びとには尊敬と憧れの念をもたらしていた。それが今日においては、政治・経済・マスメディアなどの東京一極集中を背景にイメージの劣化が著しい。とりわけ大阪のまちや住民についての「危険」「無秩序」「猥雑」「がさつ」といったマイナス・イメージは、偏見に充ちたステレオタイプと化して一人歩きし、都市の活力を奪う弊害を生み出している。こうした現状は、大阪に拭い難くまとわりつく「アンチ・ブランド現象」と呼ぶことさえできよう。

しかし、これらは大阪の真の実態を反映したものではない。大阪には、伝統芸能などの歴史的資源から今日の独創的技術力、さらに未来に向けたイノベーションの動きまで、他都市に比べて競争優位を主張できる美点が数多く存在する。ただ残念ながらそれらは〝ブランド創造都市〟としての統一的なコンセプトにまとめられておらず、したがって、戦略的メッセージとして情報発信されることもないのである。

大阪ブランド・ルネッサンス戦略とは、こうした認識に基づいて、「オール大阪」の総力を結集して新たな都市ブランドの確立を目指す“Brand-new Osaka”ムーブメントに他ならない。それは都市マネジメントにブランド力を取り入れることによって、大阪のマイナス・イメージを払拭するとともに魅力＝付加価値と創造性を獲得することを目的としたものであった。

ところで、ブランド戦略の構築のためにはまずはブランド資源を確認・整理することが必要であるが、その際にステークホルダーとの連帯意識を涵養する仕掛けづくりが試みられた。①アンケート調査によるブランド資源の棚卸し、②有識者百人ヒアリング、③ブランド戦略検討委員会のキャラバン開催——がその実践である。以下、その概要を紹介する。

（2）アンケート調査によるブランド資源要素の棚卸し

大阪府のホームページ内に「大阪ブランドご意見番」のページを設置し、そこで「アピールしたい大阪、広く知ってもらいたい大阪」について住民からの意見を広く募集した。

「大阪にもともとあった素晴らしい歴史・伝統・資産の再確認と、優れた技術・企業・人材の発見。そして、それらを国内はもちろん世界へ向けて発信していくこと。それが、大阪ブランド戦略“Brand-New Osaka”プロジェクトです。これまでの大阪から、これからの大阪へ。国際的な競争力と豊かな将来性、魅力あるグローバルな都市へ。この、大阪の新たなブランドイメージを確立するためのプロジェクトに、みなさんの御意見を募集しています。あなたのアピールしたい“Osaka”、広く知ってもらいたい“Osaka”をどしどし御応募ください。」

という呼び掛けに応じて多くの声が寄せられ、延べ回答数は一三〇〇を超えた。その中から、大阪で将来性のある分野について複数回答でとった結果が**図7－3**である。ここから住民が将来展望として望む大阪の都市像や特徴として、三点を指摘することができよう。

第一点として最も目立つのは、文化に対する誇りと期待が高いことである。回答項目のうち、「文化・芸術・芸能・音楽」が他を圧してトップに立っている。大阪の歴史・伝統の厚みを感じ取るとともに、大阪人の人生を楽しむ志向の強さを見出すことができるだろう。

図 7-3　「大阪ブランドご意見番」アンケート結果

・大阪で，これから将来性のある分野は？（複数回答可）

（2004/3/24現在）

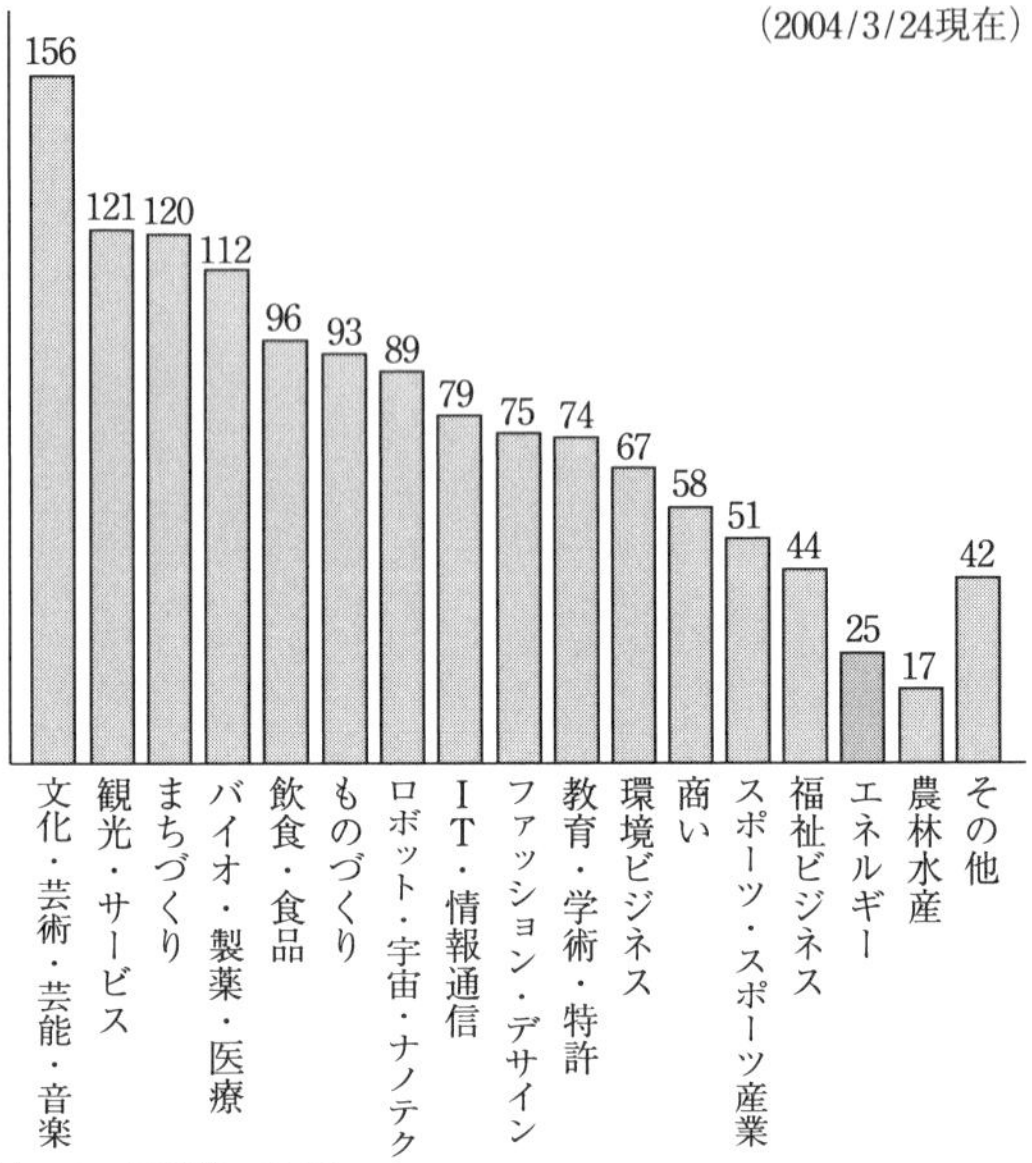

（注）　のべ回答数　1,319

（出所）　大阪府ＨＰ「大阪ブランド戦略検討委員会」（http://www.pref.osaka.jp/seisaku/brand/brand_3.html）

二点目として、「観光・サービス」と「まちづくり」がほぼ並んで二位につけており、まちの魅力の厚みづくりとそのアピールが期待されている。大阪のまちに対する愛着が窺われる結果である。「ファッション・デザイン」の将来性には、まちをおしゃれに彩ることへの思いも託されているかも知れない。

三点目に、新産業への期待が非常に強い。しかもその内容として、一般に大阪らしいとされる食や商いを押さえて、バイオ、ロボット、ナノテクノロジー、IT・情報といった革新的技術に焦点が当っていることが注目される。「環境ビジネス」「福祉ビジネス」にも視野が広がっている。

このように住民自身が自分たちの住むまちのアイデンティティとしての大阪像をまず確認するプロセスが展開された。

（3）有識者百人ヒアリング

一方、より深く専門的な立場から大阪のアイデンティティを確認する作業も並行して行われた。それが有識者百人ヒアリングである。学者、文化人、芸術家、実務家など幅広い分野で活躍する大阪ゆかりの有識者から、大阪の魅力とブランド力向上や情報発信の方策について意見を聞いた。二〇〇六年六月現在一〇〇名に及ぶ有識者からのアピールが寄せられており、大阪ブランドコミッティのホームページ「大阪ブランド情報局」で「100人のアピール」として公表されている。

アピール内容は大別して、「大阪の美点を情報発信して、イメージアップを図ろう」「大阪の原点・アイデンティティを見直そう」「大阪の将来像を追求しよう」の三カテゴリーに分けられる。それぞれについて特徴的な提言を紹介しよう（肩書きは当時のまま）。

①大阪の美点を情報発信して、イメージアップを図ろう

大阪のイメージは決して良くない。しかし、それは大阪の正しい姿ではなく、実態とイメージとの間に齟齬が生じているのである。そこで、宮原秀夫（大阪大学総長）は、「人々の心に訴える取り組みで大阪のイメージアップを」と呼びかけている。イメージアップは大阪の重要な課題である。

「大阪には大阪の良さがすごくある。それをPRすることが大事」（渡辺教子・ベネトンジャパン取締役広報宣伝部部長）という声に代表される通り、イメージアップを目指して情報発信の強化を提起する意見が多い。とりわけ文化プロデューサーの河内厚郎は、「大阪ブランド候補を整理するにあたって、『オンリーワン』『ナンバーワン』を一つの考え方としたい。ウソをついてはいけないが、少しでも大阪に縁のある素材、資源があれば、他の地域より早くイメージを打ち出すべきだ」と積極的な提言を行う。

情報発信したい大阪の美点としては、学術や芸術から、ファッション、商い、観光、スポーツ、大阪弁、芸

能・エンターテインメントまで、それぞれの専門領域を踏まえて、多彩な要素が挙げられた。

井村雅代（井村シンクロナイズドスイミングクラブ代表）、佐藤友美子（サントリー不易流行研究所部長）、小長谷有紀（国立民族学博物館助教授）は、「人の魅力」を大阪の魅力として推している。一方、「大阪は街場の情報が面白い」（江弘毅・「ミーツ・リージョナル」編集長）というようにまちの魅力をあげる声もある。脇田修（大阪歴史博物館館長）「まちを楽しむ心を大切に」、宮本又郎（大阪大学大学院教授）「絶えず変貌を遂げる街・大阪が人をひきつける」と、歴史・伝統を豊かに蓄積するとともに未来への躍動を感じさせる点で、大阪のまちのダイナミックな魅力が指摘されている。

②大阪の原点・アイデンティティを見直そう

大阪はがさつであくの強い、怖い街では決してなかった。そうした表層的なイメージを拭い去ってその本質を探ったとき、新たな可能性がみえてくる。今日にあっては大阪人にさえ忘れ去られた大阪の原点を見つめなおすことからブランド構築を始めようとするアピールが多く寄せられている。

梅棹忠夫（国立民族学博物館顧問）は、文化都市であるうえにエネルギーを備えている点に大阪の特質を見出し、懐徳堂にみられるように経済と文化とを兼ね備えることによって繁栄をめざすことを提言する。橋爪紳也（大阪市立大学大学院助教授）もまた大阪の文化力を重んじ、文化と産業のメッカとして大阪が憧れの地となるよう働きかけている。

大阪ならではのアイデンティティとして、坂田藤十郎（歌舞伎役者）は「抱き合えるかのような肌合い」、木津川計（雑誌『上方芸能』代表）は「平和都市」、大谷晃一（帝塚山学院大学名誉教授）は「立ち直る力」をあげている。

伝統的文化は大阪を見直す好機を提供する。喜多俊之（工業デザイナー）は「大阪の歴史と文化は本物を引き

コラム

大阪の街を歩こう

ステレオタイプが目立つ大阪だが、ブランド資源を探ると実は多彩な魅力を備えていることが判る。偏見の色眼鏡を外すために実際に大阪の街を歩いて、道頓堀のネオンサインや通天閣、大阪城など、テレビの全国放送に登場する規格化された大阪とはひと味もふた味も違う都市の姿に触れてみたい。そこで、大阪文化の粋に触れながら街歩きを愉しむための手引書を三冊ご紹介しよう。

『米朝ばなし』（講談社文庫）では、人間国宝の噺家が上方の古典落語に登場する地名を手掛かりに街を案内する。京都や兵庫、奈良、滋賀など畿内百以上の土地が取り上げられるが、その中心は何と言っても大阪にある。とりわけ、十人余りの芸者を乗せた屋形船を仕立てて東横堀から桜宮へと花見に行く『百年目』、宗右衛門町のお茶屋で派手な遊びをする『親子茶屋』、丁稚が道頓堀に芝居を見に行く『蔵丁稚』といった噺からは、船場の商家の生活ぶりとともに華やかな大阪の情景が生き生きと伝わってくる。そして、今日もなお古い大阪の面影を残す新清水や下寺町から、米の相場師が男伊達を演じた堂島、往時は墓地で寂しかった千日前などすっかり変貌してしまった街まで、米朝師匠の語りに導かれながら、幕藩時代から明治にかけての大阪の風情にたっぷりと浸ることができる。

北尾鐐之助『近代大阪』（創元社）は昭和七（一九三二）年刊の初版本そのままの復刻版。飛行機から見る「上空大阪」をプロローグ、「乗合バス遊覧記」をエピローグに大阪市内を満遍なく「都会漫歩」した記録が軽快な文体で綴られ、工業都市の繁栄のもとでモダン都市文化を開花させた当時の大阪の躍動感をそのままに伝える。豊富に挿入された写真も興味深い。本書が伝える七〇年以上前の大阪の姿に即して、戦災や都市開発によって失われた風景や、にもかかわらず変わらない精神や情緒に思いを馳せると興味が尽きない。

海野弘『モダン・シティふたたび』（創元社）は北尾から半世紀ののち、バブル経済真っ盛りの大阪の街に残された一九二〇年代の建築を辿って歩いた記録である。その時代は都市の青春であり、現代都市が形成された原点であると氏は言う。大阪に住んだことがない著者は旅人の目でこの都市をとらえつつ、さまざまな魅力を発見してゆく。「大阪論といえば、江戸時代の浪華文化の延長か、二十一世紀論で、一九二、三〇年代がすっぽり抜け落ちている」という指摘がなされているが、モダン・シティの視角から捉えた大阪はどのような可能性をもたらすのだろうか。

さらに未来へ向かっては、梅田北ヤードや中之島西部、難波の大阪球場跡地、天王寺・阿倍野地区など大規模な市街地再開発事業が試みられている。

浪花情緒を色濃く残す下町からハイカラなモダン・シティ、そして未来都市へ。歩いて街の生の表情に触れることで、大阪の多面的なブランド価値を体感したい。

出してくれる空間」、栗本智代（大阪ガス㈱エネルギー・文化研究所研究員）は「今によみがえらせたい町衆文化」とアピールする。その具体的内容としては、能、人形浄瑠璃文楽、歌舞伎などの古典芸能と食文化をあげる声が多い。食について奥村彪生（伝承料理研究家）は、お好み焼きとたこやきにばかりスポットが当る現状を「見せべた」といい、歴史や文化的背景、美学を押さえた付加価値を強調することによって大阪の食文化を世界に通用するものに仕立てたい、としている。

③大阪の将来像を追求しよう

大阪の魅力を高める上で、未来に向けた繁栄に確信を得ることもまた欠かせない。この点では、浅田稔（大阪大学教授）・大和信夫（ヴィストン代表取締役）は「ロボット」、岡田善雄（千里ライフサイエンス振興財団理事長）は「生命科学」、小長谷一之（大阪市立大学大学院助教授）は「IT産業」など、それぞれ革新的技術の蓄積に基づく新産業の創出を期待する声が寄せられている。

また、太田房江（大阪府知事）のように「世界の中の大阪、アジアの大阪を」を筆頭として、世界に視野を広げる提言も多く行われている。

これらは先の住民アンケートとともに、期待する大阪像、言い換えると〝ブランド創造都市〟としての大阪が目指すべきアイデンティティを構築する出発点となった。

（4）大阪ブランド戦略検討委員会のキャラバン開催

次にこれらの各界各層の声を集約する組織体が必要となるが、二〇〇三年一月、大阪のブランド価値を抽出するとともにそれを高め、情報発信するための方策を議論する場として「大阪ブランド戦略検討委員会」が設立された。検討委員には次の六人が就任した。

堀井良殷：大阪21世紀協会理事長
山下和彦：大阪国際会議場社長
陶山計介：関西大学商学部教授
田口昌彦：ＪＴＢ西日本営業本部広報部長
松尾カニタ：関西インターメディア（FM　COCOLO）プログラムスタッフ
山田純二：地域文化デジタル化推進協議会幹事

この他、各回のテーマに応じて、大阪のブランド資源に造詣の深い専門委員が起用された。委員会の開催に当っては住民をはじめとする一般の人の参加を募り、ブランド戦略の検討過程を公開することによって広くステークホルダーとの連携・協同のムーブメントを生み出す仕掛けが施された。そのため会場には毎回、大阪のブランドイメージを具現化した場所が選定された。

第一回委員会の会場は梅田にある教会をイメージしたレストラン「キリストンカフェ大阪」であり、冒頭に大阪の未来（キャンドル）に火を灯す「火入れ式」を行ってキックオフミーティングを開始した。第二回委員会の会場は上町の「大槻能楽堂」。能舞台の上の荘厳な雰囲気に包まれながら、主に文化・芸能・まちづくりをテーマに討議が展開された。

さらに第三回委員会は難波の「ワッハ上方演芸ホール」、そして大阪府庁特別会議室で開催された取りまとめの第四回委員会を経て、第五回委員会は二〇〇四年三月、料亭文化の舞台である「南地大和屋」を会場として、文化・歴史・言葉・人など大阪の美点をブランド価値として発信するための議論を展開した。そして最後に大阪の総合力を結集した「大阪ブランドコミッティ」の設置を提言し、宣言文「大阪に吹く新しい風　“Brand-New Osaka”——大阪ブランド確立に向けて」を採択して、一年余りに及んだ活動を締めくくったのである。

宣言文では以下のように、大阪のブランド価値創造に向けての決意が高らかに謳われている。

「大阪は、難波津以来一四〇〇年の歩みの中で、国の境を越えて多くの人が交流する場であった。人や情報が大阪に集まり、また大阪から発信され、集積が集積を生む好循環を今再び呼び起こさなければならない。私たちは挑戦する。大阪が築いてきた伝統を受け継ぎながら、オール大阪が結集し、『大阪ブランド』という新しい価値の創造に向かって。

呼び醒ませ、大阪スピリット。世界のオンリーワン都市・大阪の歴史に輝かしい一ページを開くために。

大阪に吹く新しい風“Brand-new Osaka”――この風に乗り、飛び立とう。」

これは〝ブランド創造都市〟としての大阪のムーブメントの序曲、第一ステージにすぎない。大阪ブランド戦略の活動はいよいよ本格的な第二ステージに進んでいく。

3　「大阪ブランドコミッティ」――都市ブランド・ムーブメントの司令塔

（1）大阪ブランド戦略の全体構成

ブランド・アイデンティティはそれを取りまとめただけで効果を発揮するものではない。ブランドとは、送り手と受け手との間に良好な関係を取り結ぶ「意味の絆」であるから、長い歳月の経過を念頭に置いて、多くのステークホルダーとの間で絶えず対話＝コミュニケーションを図りつつ、その維持・発展を図るマネジメント・システムの構築が不可欠である。とりわけ〝ブランド創造都市〟の実現をめざす都市ブランド戦略では、ネットワーク型リージョナリズム確立の視点が重視される。

大阪ブランド・ルネッサンス戦略の展開においてブランド・マネジメント・システムの司令塔としての役割を担

図 7-4　大阪ブランドコミッティの組織構成

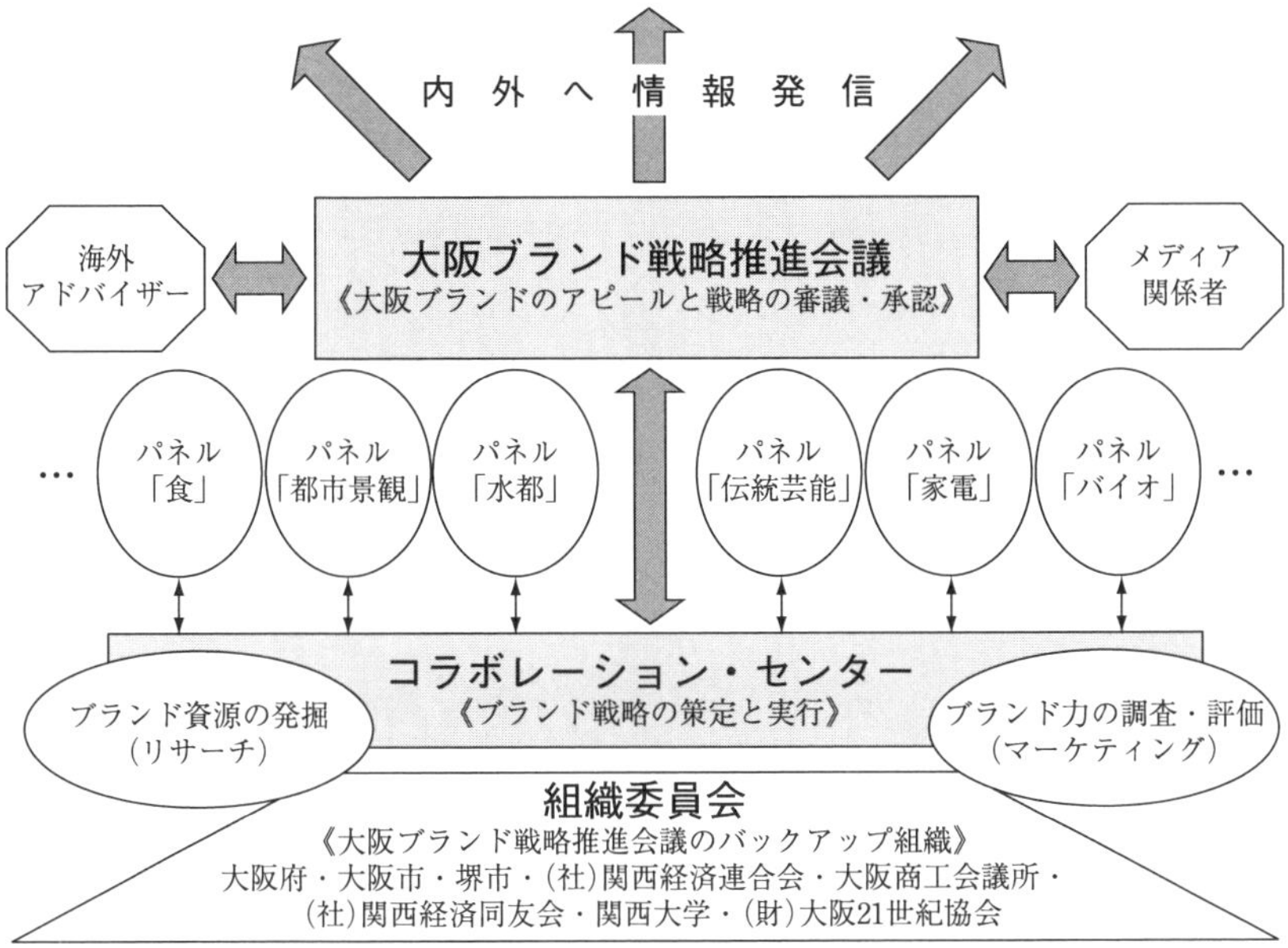

（出所）　大阪ブランド情報局ＨＰ（http://www.osaka-brand.jp/）

う組織が「大阪ブランドコミッティ」である。その戦略的特性は、①特定の利害に左右されないよう行政・財界・学界をあげた「オール大阪」の体制づくり、②大阪を取り巻く数多くのステークホルダーとのコラボレーションを仕掛け、ブランド価値構築を協同していくムーブメントの創出――の二点に求められる。すなわち、**図7―4**に示した通り、大阪ブランドコミッティは、大阪府・大阪市・堺市・（社）関西経済連合会・大阪商工会議所・（社）関西経済同友会・関西大学・（財）大阪21世紀協会と、まさしくオール大阪の官民学をカバーするかたちで構成され、多様な分野における大阪の魅力をブランド資源要素としてとらえなおして、新たなブランドバリューを確立することをめざす大阪ブランド戦略の推進母体と位置づけられているのである。

ここで大阪ブランド戦略は都市の魅力をブランド価値としてとらえ、「大阪」というシンボル記号を良いイメージのもとに再構築して情報発信する活動と規定される。そしてその目的は、新たな大阪のイメージ“Brand-new Osaka”の創出と定着を通じて、人・モノ・資金・情報・企業を呼び込み、大阪再生を果たすことにおかれる。その実践のためには、市民・NPO・行政当局、企業・投資家、観光客・来訪者・移住者など大阪を構成するステークホルダーの一人ひとりが自信と誇りを取り戻し、新たな発展に向かう気概を内外にアピールするムーブメントを創出することが求められる。

大阪ブランド戦略の活動方針は、次の三点を核に構成されている。

①大阪を知る：大阪の魅力をアピールできる歴史・伝統・文化遺産、優れた技術・企業・人材などの強みをブランド資源として発掘・再評価する活動。

②大阪を磨く：ブランド資源を対象に、価値の明確化や新たな魅力の付加を行ってブランド価値を向上させる活動。

③大阪を語る：大阪ブランドを戦略的メッセージに仕立てて、国内外に向けて情報発信する活動。

大阪ブランドコミッティの活動は大きく三つの領域から成り立っている。

まず「コラボレーション・センター」がコミッティの中枢においてリサーチ活動（＝ブランド資源の発掘）とマーケティング活動（＝ブランド力の調査と評価）を行って、ブランド戦略の策定と実行を推進する役割を担う。その業務は、①ホームページ運営や書籍刊行などの広報業務、②行政や関連団体、企業の主催するイベントやキャンペーン、社会貢献活動などとのコーディネート業務、③大阪ブランドを知る・磨く・語るためのプロデュース業務――から成る。

そしてコラボレーション・センターのプロデュースのもと、「パネル活動」と「大阪ブランド戦略推進会議」が運営されている。

「パネル活動」は、有識者や専門家の参画を得て「食」「都市景観」「水都」といった個別の領域を対象に大阪のブランド価値を追求する活動である。

「大阪ブランド戦略推進会議」は大阪ブランドのアピールを行う目的でこれまで計三回開催されてきた。

（2）パネル活動の狙いと概要

パネル活動は、大阪を知る・磨く・語るという大阪ブランド戦略の活動に即して具体的なコンテンツを作成する目的で、ブランド候補資源に基づいて設定された分野を単位に、それぞれの分野に造詣の深い有識者・専門家の参加を得て、大阪の都市魅力の分析・考察を行う活動である。二〇〇六年六月現在、**表7―1**に示した一七のパネルがその活動をふまえて最終報告書を取りまとめている。

パネル活動は、歴史・伝統、経済、産業、社会、芸能、文化など、多岐に亘る領域において巷間語られる大阪の魅力をブランド資源としてとらえなおし、「ブランドとしての大阪」がステークホルダーに対して提供する価値や意味の要素として再構成する試みである。都市ブランド戦略の実践に際して、これほどホリスティックな取り組みを行った例は国内外広しといえどもないであろう。また、大阪を拠点に活躍する第一線の専門家の叡智を結集する点でもその意義は大きい。

各パネルのテーマには、それぞれ「知る」「磨く」「語る」の戦略要素が含まれている。しかし、**図4―11**に示した大阪のブランド候補資源に対する住民の支持状況を前提として「新たなイメージの創出と定着を通じた大阪再生」というブランド戦略を推進していく上では、パネル成果を活用するための三つの重点的課題が明確になってくる。すなわち、①「大阪の歴史」資源を知る、②「大阪の未来」資源を磨く、③「大阪の顔」「大阪の基盤」資源を語る――の三点である。以下、それぞれの意義を考察する。

表 7-1　パネルが示す大阪のブランド価値

	分野	代表	報告書タイトル
1	ロボット	浅田　稔 (大阪大学教授)	ロボットが開く大阪の未来 〜ここまで進んでいる大阪のロボット界〜
2	バイオ	森下竜一 (大阪大学教授)	我が国をリードする大阪のバイオ 〜クラスター形成が進む“彩都バイオヒルズ”〜
3	文化集客	河内厚郎 (文化プロデューサー)	新旧大阪文化の本物を“魅せる” 〜OSAKA ハイカルチャーの再発信を目指して〜
4	水都	橋爪紳也 (大阪市立大学助教授)	世界に誇る水都・大阪 〜水が育て、水とともに生きる街〜
5	エンターテインメント	橋爪紳也 (大阪市立大学助教授)	(未定)
6	デザイン	越田英喜 (協同組合関西デザインオフィスユニオン理事長)	一歩先を行く大阪のデザイン 〜大阪のデザイン力の根源を探る〜
7	家電	内藤裕義 (大阪府立大学教授)	家電王国大阪の実力 〜世界が認める品質と独創性〜
8	商業	石原武政 (大阪市立大学教授)	商業の歴史に大阪あり 〜大阪の商人スピリッツの新たな息吹き〜
9	祭礼	藪田　貫 (関西大学教授)	大阪の四季を彩る祭礼 〜伝統的な祭りと新しい祭りで賑わう大阪〜
10	食	門上武司 (あまから手帳編集主幹) 小林　哲 (大阪市立大学助教授)	伝統と革新が融合した大阪の食文化 〜「旨い」にこだわる大阪初&発の食文化〜
11	学問所・町人塾	堀井良殷 (大阪21世紀協会理事長)	学問所・町人塾が育んだ大阪人の進取の精神 〜今もなお大阪に息づく学問と知識の伝統〜
12	伝統芸能	木津川計 (立命館大学教授・雑誌『上方芸能』代表)	大阪が愛し育てた伝統芸能 〜知恵と工夫と才覚次第、実力で磨かれた芸能〜
13	御堂筋・先端スポット	江　弘毅 (京阪神エルマガジン社取締役編集本部長)	大阪を代表する情報発信基地御堂筋・先端スポット 〜大阪のスピリットを体現する街〜
14	文学	森田雅也 (関西学院大学教授)	巨匠・名作・名場面　時代を超えて読みつがれる大阪の文学
15	スポーツ	原田宗彦 (早稲田大学教授)	スポーツ文化が花開く大阪 〜存在感を増す大阪のスポーツ〜
16	ものづくり・中小企業集積	東　健司 (大阪府立大学教授)	技術集積と連携で高度化する大阪のものづくり中小企業 〜歯ブラシからロケット部品まで創る底力〜
17	アート	建畠　哲 (国立国際美術館長)	(未定)

(出所)　大阪ブランドコミッティ資料より作成。2006年6月現在。

①「大阪の歴史」資源を知る

現状・将来ともに支持が低い項目の中には、本来貴重なブランド資源が含まれている。大阪の街と人に対するステレオタイプ化されたマイナス・イメージの定着は、大阪本来の美点を覆い隠してしまう弊害をもたらした。大阪人自身が見失ってしまった大阪の美点は多い。ここでは出発点としてまず大阪人自身が大阪の正しい姿を「知る」ための活動が求められる。それは「大阪らしさ」の原点をみつめなおすことを通じて誇りを取り戻す行為に他ならない。

経済的な地盤沈下が続くなかで生まれ育った今日の大阪人は、繁栄していた時代に蓄積された大阪の歴史的美点を見失ってしまっている。とりわけ、近世における「天下の台所」としての経済的繁栄は、社会的にも文化的にも豊穣な実りをもたらした。ここで開花した町人文化こそ大阪文化の原点であり、今日もなおその伝統を辿ることによって大阪ならではの美点を見出すことができる。それが今日「コテコテに」庶民的な大阪の風景に紛れて大阪人自身にさえ忘却されてしまったことが、大阪の都市像をことさらに貧弱なものにおとしめている。第四章で指摘したように、「大阪の人のイメージ」において、町人文化の粋を反映する「自治の精神が豊か」「進取の意気に富む」「自立性に富む」といった評価項目が「がめつい」「あつかましい」といったがさつな庶民像に押されて紛れてしまっていた事実は、このことの反映に他ならない。

そうした意味で、既に成果をあげ、あるいは現在活動を行っているパネルの中では、「学問所・町人塾」「伝統芸能・演劇」「文学」「文化集客」などがこの課題を充たすものとして位置づけられた。ことに学問や文芸・芸能の領域において、かつて大阪（大坂）が日本を先導する役割を果たした実績は、今日の大阪のイメージから大きく懸け離れたものであるだけに、このような大阪の正しい姿を「知る」ことを通じてマイナス・イメージを払拭し、価値転換の契機となることが期待される。

大阪人は大阪に対する愛着を説明するとき、生活文化の厚みをあげることが多い。しかし、その具体的内容として取り上げられる漫才などの笑いのコミュニケーションや、お好み焼き・たこやきの食い倒れといった事象は、実は数十年の歴史しか持たない表層的なものに過ぎない。大阪文化の歴史には、それぞれのパネル活動が明らかにしつつあるように、豊穣な蓄積がある。このことを正しく認識したとき、大阪に住み、大阪で働くことの誇りはより募るに違いない。さらに、深い愛着がアイデンティティ形成に貢献し、自己表現的価値にまで高まっていくことが期待できるのである。

②「大阪の未来」資源を磨く

現状に対して将来への期待が高い「大阪の未来」資源の領域には、「ロボット」「バイオ」「デザイン」「スポーツ産業」「ものづくり・中小企業」「御堂筋・先端スポット」など、新産業の育成と発展をテーマとするパネルが対応している。

レトルト食品やインスタントラーメン、あるいはプレハブ住宅やスーパーマーケット、私鉄など、大阪で開発されて全国へと普及していった製品や産業は数多い。大阪には新産業のインキュベーター（孵化器）機能を果たす伝統があり、先進性や革新性に対する価値観を誇る風土がある。

新産業の勃興は大阪に活力と躍動感を与える重要な要素であり、そのような可能性を秘めた資源に磨きをかけ、大阪の輝かしい未来に対する確信を深めることを通じてブランドとしての魅力を高めることが求められている。

例えば、大阪といえば中小企業の街であるが、このことは従来、「不況に弱い」とか「大企業の東京移転に歯止めがかからない」とかいう評価と結びついて、大阪のマイナス・イメージの一環として捉えられがちであった。東大阪はその典型であり、沈滞した地域の代表例と見られていたが、最近では一転して、創造的活力に充ちた先進地域という評価が台頭してきた。この劇的な価値転換には、東大阪宇宙開発協同組合（ＳＯＨＬＡ）を中心に推進されてきた人工衛星打ち上げ計画と、それを通じて不況を吹き飛ばそうという気概を謳った公共広告機構（ＡＣ）によるテレビＣＭ「やらなきゃ！　日本」篇が寄与していよう。資源を的確に磨いて語ることによって、ブランド価値を高めることが可能となるのである。

大阪ではもともと「創意工夫」や「進取の意気」を高く評価する精神的風土が厚いが、新産業への期待はこの志向とぴったり適合している。従って、これらの資源からはブランドの理性的コードが抽出されるばかりでなく、感性的テイストに対する示唆を得ることもできよう。躍動感や斬新さ、革新性は大阪人の重んじるテイストだからである。

昭和初期に端を発する大阪の経済的な地盤沈下の歴史はそのまま、東京追随の歴史であった。ことに戦後、公共投資に基づく地域開発、重工業の誘致、地域活性化のためのシンボルイベントとしての大規模博覧会開催、といった東京で成果をあげた施策の取り込みがかえって大阪固有の活力を奪う結果を招いたのではないかと思われる。

しかしいま私たちは、二〇世紀の工業化社会から二一世紀の情報化社会への転換期に立ち会っている。このことを大きな機会ととらえ、ブランド資源を「磨く」行為は大阪の新産業が新たな社会の局面を先導していく視点から捉える必要がある。それは大阪ブランドの独自性・差別性の主張に他ならない。

③「大阪の顔」「大阪の基盤」資源を語る

「今の大阪を語るにふさわしい」項目はもちろん、「語る」活動を通じて、外部イメージの変革を働きかけることが課題となる。大阪に否定的なステレオタイプが付きまとって離れない背景には、東京に拠点を置くマスコミが面白おかしい大阪のイメージを作り上げ、全国に流すことがあげられる。マスコミの影響力は大きい。この点で、大阪からの情報発信が質量ともに見劣りすることも問題であるが、それ以上に地元から「大阪らしさ」を表現するとき、東京のマスコミに受け入れられやすい編集を無意識のうちに施してしまう弊害さえ見られるのではないだろうか。「大阪の顔」や「大阪の伝統」を構成するブランド資源にはこのような状況をふまえて、本来の良き大阪の姿を全国、さらには海外に向けて語っていくことが要請されている。

「大阪らしさ」を語るコンテンツを作るためのパネルとしては、「食」の他に「エンターテインメント」「家電」「水都」「商業」「祭礼」が活動を行っている。

ただここで留意しなければならないのは、マイナス・イメージだけではなく、大阪を肯定的に語る切り口にもまた多分にステレオタイプの影が落ちていることである。たとえば、たこやき・お好み焼きをはじめ安くて旨いものが充実した「食い倒れ」、ニュアンス豊かな大阪弁がもたらす「笑いのコミュニケーション」、さらには「気さくな庶民」「おばちゃんパワー」「ど根性」など、大阪論の定番となっている事項は多い。これらが本当に大阪に固有の本質的な特性なのか、比較的最近になって成立した表層的な事象に過ぎないのか、あるいはマスコミが東京にはないものを大阪に投影して面白おかしく作り上げた幻影ではないのか、冷静な検証が必要であろう。この点については、生粋の大阪人といえどもステレオタイプを信じていることがあるので油断がならない。こうした検証もパネル活動には期待された。

例えば、「食パネル」の報告書[11]では、大阪の「食い倒れ」という表現は、一九四九年に道頓堀に開店した食堂「大阪名物くいだおれ」によるところが大きい、新しい事象ではないかと推察する。そして、たこやき・お好み焼きばかりがクローズアップされる一面的イメージを排して、大阪の食文化の豊かな蓄積を分析している。

それによれば、だし（出汁）に象徴されるように、融合と組み合わせによって新しい食を生み出すことが大阪の食文化の特徴である。もともと商人の街であったため、食は庶民化と高級化の二極化が進んだ。日常は船場煮や船場汁の如く「しまつの精神」を結実させた安価で合理的な惣菜が工夫される一方、商談のための料亭が発展する。なだ万、花外楼、相生楼などが有名であるが、とくに一九三〇年創業の吉兆は、素材を生かした簡素な料理と、器や空間を愛でる茶の湯の精神を融合させた懐石料理によって、日本料理を総合芸術の域に高めたと評価される。

その後、近代の工業化の時代においては、カレーやウイスキーなどの新製品開発、戦後の食文化を産業化する時代においては、チキンラーメンやレトルトカレーといったイノベーションを育んだ。さらに、食堂・食品売場などの百貨店、専門誌など食の情報化、小売市場など、大阪の食文化の広がりは目覚しい。

こうした実績を踏まえて、大阪の食に関する情報発信力の強化、及び大阪の食の魅力を高める情報内容（コンテンツ）の充実を両輪として、外部の人たちに大阪の食の魅力を伝える提案が行われている。

また「商業パネル」では、江戸時代以降の大阪（大坂）商人の商い心（スピリッツ）が今日においても、「市民精神」として大阪人に、「企業家精神」として関西企業の経営者や企業理念の中に受け継がれているとして、商都大阪の歴史と現状、展望について詳細な分析を行っている。[12]

これらさまざまな分野でのパネル活動の成果によって魅力的な大阪像が次々と発信され、マイナス・イメージを塗り替えていくことが期待される。

（3）大阪ブランド戦略推進会議

「大阪ブランド戦略推進会議」はブランド戦略活動の成果を発表し、その価値を内外へアピールする場であり、二〇〇四年九月以降、二〇〇五年一月、同九月とこれまでに三回開催されている。議長は安藤忠雄（建築家）、コシノヒロコ（デザイナー）、中村鴈治郎（歌舞伎役者、その後坂田藤十郎を襲名）の三名、他に専門家・有識者・文化人など約百人が委員として参画している。

会議は議長スピーチ、及びパネル活動とも連動したブランドアピールを中心に構成されている。

①議長スピーチから

議長の三人はそれぞれの領域において、その存在自体が大阪ブランドを具現化している人たちである。それだけにそのスピーチには大阪のブランド魅力を高め、発信するための具体的方策がくっきりと示されている。

安藤忠雄は、大阪城や中之島の中央公会堂をはじめ市民がお金を持ち寄って街を作ってきた大阪の良き伝統をあげたうえで、その精神を継承する市民参加の博覧会の開催を提言した。博覧会は数年に一回のペースで定期的に開催し、そこで得られた利益で街の施設を作っていくことによって、大阪の人たちがみんなで立ち上がって美しい大阪の街を創造してゆく姿を情報発信したいとしている。

コシノヒロコは、自身のファッションビジネスの体験から、ブランドに不可欠なものは「オリジナリティ」「クリエイティビティ」、及び「粋な遊び心」と指摘する。大阪には人生を楽しむという意味でのサービス精神が旺盛である点をはじめとして良いブランド要素が多くあるが、ソロバン勘定が先行するためイメージが悪くなると苦言を呈した。その上で大阪本来の革新力を取り戻すための、具体的実践としてクールビズ（COOL BIZ）を大阪から広げてゆくことを提言した。これは二〇〇五年八月、愛知万博会場で開催された「クールビズ　コレクション――新・夏の常識」というファッションショーに結実した。

上方歌舞伎の大名跡・坂田藤十郎襲名を目前に控えた中村鴈治郎は、イギリスを始めとする海外において上方人独特の温かさと激しいエネルギーが評価されて上方歌舞伎が受け入れられている実態を報告し、「やはり大阪人がつくった歴史あるものは絶対に強い」と伝統文化の領域における大阪ブランドの力に対する高い評価を表明した。

議長の三人が指摘した「自治の精神」「革新力」「文化的表現力」こそは大阪ブランドの魅力の核心を突くものであり、情報発信における中心的なコンセプトを構成する要素となる。大阪ブランド戦略推進会議では議長スピーチに続いて毎回数名の有識者が大阪ブランドのアピールを行っているが、その内容から具体的なコンテンツを探ってみよう。

②大阪ブランドのアピールから

・大阪の自治の精神をめぐって

自らの街を住みやすくする行為に自律的に取り組む精神は、大阪の最も良き伝統の発露である。

脇田修（大阪歴史博物館館長）は大坂町人が作り運営した教育機関である「適塾」「懐徳堂」の存在を指摘。大阪ならではの町人文化を見直し、大阪人自身がもっと大阪文化に関心と誇りを持つよう呼び掛けている。

橋爪紳也（大阪市立大学大学院助教授）は大正末の大大阪時代に独自の都市美を創造した關一・元市長の実績を引用しながら、オリジナリティを重んじ、多くの人が憧れ集まってくる美しい大阪を創ることを提唱する。

将来に向けては、津田和明（大阪観光コンベンション協会会長）が国際観光都市・大阪を目指して、市民全員参加で大阪を見るに値するまちに変えていくことを呼び掛けている。

・大阪の革新力をめぐって

大阪には優れた技術力の蓄積があり、それを生かした起業の力がある。青木豊彦（アオキ社長）は人工衛星打ち上げ計画で東大阪を活性化した実績を踏まえ、「夢で始まり」「情熱を結集し」「こころ豊かな社会を作る」ものづくりの理念を通じて大阪に活力をもたらすことをアピールした。具体的な産業活動に即しては、椋本彦之（グルメ杵屋社長）が食産業、水野正人（ミズノ社長）がスポーツ産業の力を訴えている。

未来に向けた挑戦も盛んである。梶本佳孝（総合医科学研究所社長）はバイオの分野における大阪の圧倒的強みを強調、浅田稔（大阪大学大学院教授）は「ロボカップ二〇〇五」から梅田北ヤードの「ロボシティコア」につなげて、ロボットによって大阪を売込む提言を行った。

一方で喜多俊之（プロダクトデザイナー）は、主宰する大阪デザインフォーラムの実績をふまえて、今後の日本はハイテクだけではなく、ハイセンス、ハイクオリティを発信すべきであり、特に大阪がその先頭に立つことを提言した。

・大阪の文化的表現力をめぐって

難波利三（作家）は、商売言葉として発達した大阪弁の奥深く、思いやりがあって美しい特性を指摘。大阪弁の魅力を見せる場として、また大阪弁への誇りを育む拠り所として「言葉のミュージアム」設置を呼び掛けた。

河内厚郎（文化プロデューサー）は、世界遺産に選ばれた文楽を例に、歌舞伎や浮世絵、能など大阪ゆかりの芸能を大阪の有力なブランド資源であると指摘、それらのエッセンスをコンパクトに体験する場を作ったり観光ツアー化することで大阪のブランド力として活かすことを提言する。

芸術・芸能から日常の生活を心地よく営むための工夫に至るまで、文化の蓄積とそれを踏まえた豊かな表現力はコミュニケーションのトーン・アンド・マナーとも連動しつつ、大阪の魅力をアピールする上で最も能動的なコンテンツを開発することが期待できよう。

このように大阪ブランドコミッティを司令塔として、〝ブランド創造都市〟としての大阪が目指すべきアイデンティティの再構築が、現在推進されつつある。それは、市民・NPO・行政当局、企業・投資家、観光客・来訪者・移住者など大阪を構成するステークホルダーの一人ひとりが相互信頼・自律と連携、協同の精神を基調とするネットワーク型リージョナリズムに基づいており、これはその展開の中で大阪再生を目指す大阪ブランド戦略の一大ムーブメントに結実するであろう。もちろん、このムーブメントは依然として端緒的な取り組みであり、壮大な実験であることからくる未成熟な部分も残っている。都市ブランド構築に向けたムーブメントがまだ「オール大阪」という「広がり」を得ていないこと、ブランド都市・大阪に対するロイヤルティの強さという意味での「深さ」、過去の歴史や伝統の継承と未来に向かっての革新に裏打ちされた「豊かさ」の三点からそれは指摘できよう。

注

（1）内閣府ＨＰ（http://www8.cao.go.jp/bunken/bunken-iinkai/middle/）、地方分権推進本部『スタート！地方分権』二〇〇〇年、一〜二ページを参照。

（2）大阪市ＨＰ「分権推進プログラム」（http://www.city.osaka.jp/keieikikakushitsu/gyokaku/bunken/pdf/07_bunken.pdf）

（3）大阪府ＨＰ「行財政改革」（http://www.pref.osaka.jp/osaka-pref/gyokaku/gyozaisei/）

（4）堺市ＨＰ「自由都市・堺　ルネサンス計画」（http://www.city.sakai.osaka.jp/city/info/_kikaku/renaissancepj.html#01）

（5）大阪市ＨＰ「大阪市総合計画21」（http://www.city.osaka.jp/html/machi/sesaku/sogo21/index.html）

（6）大阪府ＨＰ（http://www.pref.osaka.jp/fumin/doc/houdou_siryou1_09022.doc）、『大阪日日新聞』ＨＰ「大阪 Hot News」二〇〇六年二月一五日（http://www.nnn.co.jp/dainichi/news/200602/news0215.html）

（7）大阪府ＨＰ「主な府民意見の概要と対応」（http://www.pref.osaka.jp/kikaku/soukei/humin.pdf）

（8）大阪市健康福祉局ＨＰ「地域支援システム」（http://www.city.osaka.jp/kenkoufukushi/kourei/pdf/kourei_01.pdf）

（9）大阪市計画調整局、ＨＰ「大阪市都市再生プログラム」（http://www.city.osaka.jp/keikakuchousei/toshisaisei/prog-menu.html）

（10）本節および次節の記述は、基本的に大阪ブランド戦略検討委員会および大阪ブランドコミッティの資料にもとづく。なお部分的には大阪ブランドコミッティのオリジナルサイトである大阪ブランド情報局ＨＰ（http://www.osaka-brand.jp/）を参照した。

（11）大阪ブランドコミッティ内の食パネル「伝統と革新が融合した大阪の食――「旨い」にこだわる大阪初＆発の食文化」大阪ブランドコミッティ、二〇〇六年。

（12）商業パネル「商都＝大阪ルネッサンス――大阪商人スピリッツの新たな息吹を」大阪ブランドコミッティ、二〇〇六年。

終　章　日本発の都市ブランド・ルネッサンスの提言

ブランドの価値創造力を都市マネジメントの求心力として取り込むことによって大阪再生を推進する大阪ブランド・ルネッサンス戦略の展開は、すぐれて普遍性を有するものである。今日、大阪のみならず都市再生は国家的な課題となっている。その際、従来の公共事業を柱とする行政主導の都市開発からアイデンティティ再構築を通じた内発的活性化へ——というパラダイム・チェンジは今後の「都市の時代」を支える戦略視点となる。大阪で得られた体験を全国の都市へ、さらにアジア、世界の諸都市における再生のモデルとして提唱する。

1　大阪再生を内発的に支えるブランドの役割

幕藩時代には「天下の台所」と称される商業都市として、また明治から大正にかけては活力ある工業都市として繁栄した大阪であるが、昭和初期以降は八〇年に及ぶ経済的な地盤沈下に苛まれ、都市の沈滞が続いている。大阪再生は長年にわたる懸案の課題である。そしてこの間さまざまな施策が講じられてきた。

たとえば、大阪府は二〇〇四年版の「大阪府行財政計画（案）」において「大阪再生に向けた府政のめざすべき方向」をとりまとめた。(1) そこでは二つの視点による七つの戦略的取り組み分野があげられ、施策の重点化が提唱されている。

二つの視点のうちの一つは、大阪の将来を支える活力を外から呼び込むための外への視点である「アジアの中の大阪」である。このもとで、①大阪産業の強みに磨きをかけ雇用を創出、②観光魅力と文化力アップ、③快適な都市環境の創造、着実な自然再生、④広域的なネットワークの確立、に向けた取り組みが示された。いま一つは、人が住むところとしての満足度を高める内への視点である「住む人が安心できる大阪」である。具体的には、⑤府民に信頼される安全なまちづくり、⑥社会全体での次世代の育成支援、⑦誰もが自立し、生きがいをもって暮らせる社会づくり、といった取り組みが掲げられている。

一方、大阪市は二〇〇二年に大阪市都市再生本部を設置し、「大阪市都市再生プログラム」を取りまとめた。これによれば大阪の再生を進めるため、①知的ビジネス創造機能の強化、②にぎわい・文化集客機能の強化、③魅力あふれるまちづくりの推進、という三つの施策目標が設定され、それと同時に、大阪の優位性を世界にアピールする「シティプロモーションの強化」に取り組み、内外からの企業立地と創業促進につなげることが提唱されている。(2)

このように都市機能の向上を通じて活力を呼び込もうとする試みは、大型公共投資や大規模開発を具体的施策にしながら都市再生を外部から刺激づけてゆく。そうした施策の成果として、大阪の未来を期待させる都市基盤や新産業が育ちつつある。だがそれだけでは十分ではない。

八〇年に及ぶ大阪の地盤沈下の歴史は同時に、都市イメージや都市格を著しく劣化させてきた歴史でもあった。外部からは「大阪は醜い」「こわい」「あくどい」といった視線にさらされ、内部では企業の本社移転や有為な人材の流出などが続いている。これは市民・NPO・行政当局、企業・投資家、観光客・来訪者・移住者などのステークホルダーが都市・大阪を見捨てている、という由々しき事態に他ならない。この状況を解消しない限り、大阪再生が完結することはない。

〝ブランド創造都市〟への移行による都市再生の試みは、大阪のこうした状況を考えると、きわめて意義が大きい。都市ブランドはステークホルダーの価値意識に根本的な転換を呼び起こす。またブランドを構築する戦略は単に「客観的に優れた機能」を識別するだけに留まらず、ブランドを「主観的な自己表現」の重要な要素へと昇華させてゆく。「大阪に住み働くこと」を肯定的に意味づけ、「大阪人であること」の自己表現に確信と自信を与えるのである。

「意味の絆」であるブランドを都市の求心力の中核に位置づけることによってあるべき自己像としてのアイデンティティが示され、それに基づいてステークホルダー志向の「ネットワーク型リージョナリズム」という新しいガバナンスが成立する。こうしてステークホルダーは誇りと高いモチベーションをもって都市生活や都市マネジメントに参画してゆく。〝ブランド創造都市〟戦略は外部からの物的刺激によってではなく、ステークホルダーに内発的価値創造を働き掛けることを通じて都市再生を実現するという都市再生モデルのパラダイム・チェンジに他ならないのである。

2　〝ブランド創造都市〟戦略の都市再生への応用

大阪は、①長期にわたる大規模な経済的活力の喪失、②外部イメージの劣化、③ステークホルダーの自信喪失、といった非常に厳しい都市環境に晒されており、そこからのソリューションを都市ブランド戦略に見出してきた。しかし、都市再生は大阪に限らず、今日の重要な国家的課題と位置づけられる。そのため政府は二〇〇一年、内閣に都市再生本部を設置、内閣総理大臣を本部長、内閣官房長官と国土交通大臣を副本部長、その他すべての国務大臣を本部員として都市の魅力と国際競争力を高める取り組みを行ってきた。都市再生本部では「我が国の都市を、文化と歴史を継承しつつ、豊かで快適な、さらに国際的にみて活力に満ちあふれた都市に再生し、将来の世代に『世界に誇れる都市』として受け継ぐことができるようにする」という「都市再生の目標」のもと、重視すべき点として次の五点を挙げている(3)。

①高度成長期を通じて生じていた都市の外延化を抑制し、求心力のあるコンパクトな都市構造に転換を図る。

②地震に対して危険な市街地の存在、慢性的な交通渋滞、交通事故など都市生活に過重な負担を強いている「二〇世紀の負の遺産」を緊急に解消する。

③国際競争力のある世界都市、安心して暮らせる美しい都市の形成、持続発展可能な社会の実現、自然と共生した社会の形成などの「二一世紀の新しい都市創造」に取り組む。

④施設等の新たな整備に併せ、これまで蓄積された都市資産の価値を的確に評価し、これを将来に向けて大切に活かしていく。

⑤先進的な産業活動の場としての側面と暮らしや生活を支える側面という都市が併せ持つ二つの機能を充実させ、国民生活の質の向上に資する。

こうして都市再生が注目を集めるに至った背景には、成長社会から成熟社会へという、都市が成り立つ社会基盤の転換がある。戦後復興から高度経済成長にかけての時期、全国の諸都市は工業都市として大きく成長を遂げたが、工業の衰退とともに多くの都市が財政の破綻をきたし、沈滞に直面するに至った。このため、地域経済の活性化が大きな課題として浮上してきた。

あわせて中央集権国家の強力なリーダーシップに基づいて推進されてきた都市開発は経済効率を重視した生産拠点としての都市機能拡充をめざすものであったから、一方で人間の包括的生活単位として機能していた地域共同体の崩壊をもたらした。愛着を抱くに足る魅力的な生活空間が損なわれ、地方色や個性を喪失して全国が「ミニ東京化」してしまったのである。このため、①地域文化を基盤とする伝統的産業の衰退、②生活文化を創造する場の喪失、③地域住民としてのアイデンティティの希薄化、といった弊害が都市を内面から蝕んでいる。

都市が真に再生していくためにはその都市を舞台とする人間性回復という戦略視点が不可欠なのである。地域の歴史と伝統に根ざした個性的な都市文化を復興し、自律的ガバナンスの実現を通じて人間らしく生きる——そのような人間主体の都市再生が期待されている。地域主権実現の主体的条件とは、人間に権限を付与することに他ならない。

こうして内発的都市再生を推進していく上で、都市ブランド戦略の展開が必須のものとなる。①それぞれの都市の伝統や基盤に脈々と流れるブランド・スピリッツを発掘し、②それに基づいて構築されたブランド・アイデンティティによってステークホルダーに自信と誇りをもたらし、③ネットワーク型リージョナリズムに基づく自律的ガバメント・スタイルを実現することで、④都市のバリューを構成する経済・社会・文化などのファンダメンタルズの刷新と活性化を先導してゆく——そうした〝ブランド創造都市〟こそ、二一世紀に期待される「都市の時代」を切り開いてゆく切り札となるであろう。

マーケティングの領域におけるブランド戦略の台頭は、顧客側に能動的な価値形成を働きかけるブランドの意味創造機能への注目に基づくものであった。ブランドを構築することによってその製品の認識は、「客観的に優れている」から「主観的に好きだ」へと関係を深め、主体的・優先的に選択されるとともに自己表現の要素としての愛着を抱かれるに至るのである。ブランド戦略はこうして、技術革新とそれに基づく新製品開発に焦点を当てるマス・マーケティングに代わって、成熟期におけるリレーションシップ・マーケティングを支援するための新たな活路を切り開いていった。

都市マネジメントもまた今日、大きな岐路に差し掛かっている。グローバル化と情報化の進展が社会基盤の急激なボーダレス化をもたらすとともに、自らの生活の場であり自己実現の舞台でもある都市に対するアイデンティティを希求する動きが高まりつつある。都市は新たなレーゾン・デートルを発揮することが求められている。こうした状況を背景として、大型公共事業や大規模開発に基づく活性策に代わる切り札として都市ブランド戦略は人間主体の都市再生と活性化を推進してゆくのである。

〝都市ブランド・ルネッサンス戦略〟の展開――〝カオスモスシティ・大阪〟の再生に端を発するこの日本発の〝ブランド創造都市〟戦略が関西のみならず日本全国の、さらにはアジア、世界各国の諸都市における都市再生モデルとしてその役割を発揮することが期待される。

注

（1）大阪府ＨＰ「大阪府行財政計画」(http://www.pref.osaka.jp/gyokaku/gyozaisei/kaitei/html/0301/0301.htm)

（2）大阪市ＨＰ「大阪市都市再生プログラム」(http://www.city.osaka.jp/keikakuchousei/toshisaisei/prog_01.html)

（3）首相官邸ＨＰ「都市再生基本方針」(http://www.kantei.go.jp/jp/singi/tosisaisei/kettei/020719kihon.html)

ま　行

ら　行

た　行

な　行

は　行

索　引

陶山計介（すやま・けいすけ）

1950年　生まれ
早稲田大学政治経済学部卒業
京都大学大学院経済学研究科博士後期課程を経て，
現　在　関西大学商学部教授。博士（経済学）
　　　　2004～2007年「大阪ブランドコミッティ」プロデューサーを兼任。
主　著　『マーケティング戦略と需給斉合』中央経済社，1993年
　　　　『日本型ブランド優位戦略』（共著）ダイヤモンド社，2000年
　　　　『よくわかる現代マーケティング』（共編著）ミネルヴァ書房，2017年
訳　書　アーカー『ブランド・エクイティ戦略』（共訳）ダイヤモンド社，1994年

妹尾俊之（せのお・としゆき）

1954年　生まれ
関西学院大学経済学部卒業
株式会社大広ナレッジ開発局チーフ・アカウント・プランナーなどを経て，2008年より近畿大学経営学部教授。
2015年　逝去
主　著　『新しい広告効果測定』（共著）日本広告研究所，1991年
　　　　『次世代流通サプライチェーン』（共著）中央経済社，2001年
　　　　『アカウントプランニング思考』（共著）日経広告研究所，2004年
　　　　『広告プランニング』中央経済社，2011年
　　　　「物語広告論の構想」『日経広告研究所報』274号，2014年

企画・協力　大阪ブランドコミッティ（Osaka Brand Committee）

大阪ブランド戦略の展開において都市ブランド・マネジメントの司令塔としての役割を担うオール大阪の産官学組織として2004年～2007年の３年間活動。同組織は，大阪府・大阪市・堺市・関西経済連合会・大阪商工会議所・関西経済同友会・関西大学・大阪21世紀協会（現関西・大阪21世紀協会）で構成され，共同議長には安藤忠雄，コシノヒロコ，坂田藤十郎の３氏が就任。大阪を取り巻く数多くのステークホルダーとのコラボレーションを仕掛け，大阪ブランドを「知る」「磨く」「語る」活動を中心にブランド価値共創のムーブメントを先導した。詳細は「大阪ブランド情報局」HPサイト（http://www.osaka-brand.jp）を参照。

大阪ブランド・ルネッサンス
――都市再生戦略の試み――

2006年8月1日　初版第1刷発行　　＜検印省略＞
2018年4月10日　初版第2刷発行

定価はカバーに
表示しています

著　者　陶　山　計　介
　　　　妹　尾　俊　之
企画・協力　大阪ブランドコミッティ
発行者　杉　田　啓　三
印刷者　田　中　雅　博

発行所　株式会社　ミネルヴァ書房
607-8494　京都市山科区日ノ岡堤谷町1
電話代表(075)581-5191番
振替口座01020-0-8076番

創栄図書印刷・藤沢製本

ISBN978-4-623-04704-8
Printed in Japan